지역의 반란

지방소멸 시대 생존법

지역의 반란

1판 3쇄   2024년 9월 25일

지은이   엄상용
펴낸이   강민철
기획·편집   강민철
디자인   고혜란
펴낸 곳   (주)컬처플러스
출판등록   2003년 7월 12일 제2-3811호
주소   03182 서울시 종로구 세종대로23길 47,
          608호 (미도파광화문빌딩)
전화   02-2272-5835
이메일   cultureplus@hanmail.net
홈페이지   http://www.cultureplus.com
ISBN   979-11-85848-20-4 (03320)

지방소멸 위기에서 되살아난 한국과 일본의 15개 지역

"어느 날 시골 마을에
낯선 사람들이 왁자지껄 몰려든다"

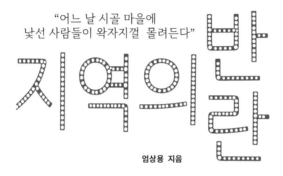

지역의 반란

엄상용 지음

컬처플러스

지역이 다시 꽃피길 고대하며

지방소멸의 위기가 심각하다.

이를 우려하는 정부 부처와 지자체에서는 다양한 정책을 구상하고 있으며 여러 가지 지원책을 마련해 지역을 다시 살리려 노력하고 있다.

필자는 지난 2000년 초반부터 수많은 지역축제·박람회·기업행사 등의 자문 및 평가, 만족도 조사 등을 수행하고 제안서 평가 위원으로 활동하면서 지역활성화에 대한 관심이 높아지게 되었다.

그러다가 일본의 지방창생 관련 서적과 연구자료를 보게 되었는데 그것을 읽는 순간 나침반의 붉은 자침이

4

파르르 떨며 북극을 가르치는 느낌이 들었다. 내가 국가를 위해 무엇을 해야 하는지 일러주는 듯했다.

그 일을 계기로 일본의 지방창생 관련 서적으로 2019년 <지역창생과 지역활성화 전략>과 2021년 <지역을 디자인하다>를 번역해 출간했다.

그 후 지자체나 단체의 부름을 받고 특강을 하는 일이 많아졌는데 마음 한편에는 늘 아쉬움이 남아 있었다. 낱개의 사례를 알리는 것도 중요하지만 실질적인 지역활성화에 도움이 될 수 있는 스토리 형태의 사례집과 더불어 일본처럼 다양한 연구 서적이 나올 수 있는 계기를 만들고 싶다는 생각이 들었다.

분명 지방창생 관련 연구나 실행적인 측면에서 일본과 우리나라 사이에는 격차가 있다. 일본은 2014년에 이미 지방창생을 시작했고 그 이전부터도 지자체나 지역 단체에서는 무수히 많은 지역활성화 정책을 시도한 이력이 있기 때문이다.

한국이 일본보다 늦었다기보다는 일본보다 소멸과 붕괴가 늦게 시작되었다고 할까?

그런데 한국과 일본, 일본과 한국은 여러모로 유사한

5

패턴을 보이고 있다.

한국에도 지역에 관심 있는 리더들이 등장해 이미 다양한 연구가 이루어지고 있다. 독특한 지역자원, 예를 들면 스포츠, 자연자원, 기차역, 고택, 카페 등을 활용한 지역활성화 전략들이 수도 없이 나오고 있다.

일본도 수많은 지방창생 사례를 만들어 냈다.

그중 나름 성공한 것들과 그 탄생 배경이 무엇인지 궁금했다. 무엇보다 인터넷이나 매스컴, 관련 서적, 지인을 통해서 간접적으로 듣는 이야기가 아닌 직접 내 눈으로 보고 그들에게 직접 물어보고 싶었다.

그래서 약 2년 동안 국내외 지역을 찾아다니며 자료를 모았다. 관계자들도 만나서 깊이 있는 얘기를 들어보았다. 한국과 일본은 도시재생, 지방창생 등 부르는 용어에서부터 차이가 있다.

이에 따른 개념과 추진 방법도 다소 상이하다. 그런데 공통점도 분명히 있었다.

지방창생, 지역활성화의 성공 요소에는 반드시 열정적인 리더가 있었다는 점이다. 아마도 지역활성화에 있어서 가장 중요한 요인이 아닐까 싶다.

6

지역활성화의 최종 목적은 무엇일까.

바로 그것은 지역을 알리고 정주인구를 높이는 데 있다. 국가의 지원이나 정책도 중요하지만 무엇보다 지역의 자발적 움직임과 지역 커뮤니티의 활성화를 통해 지역민이 앞장서야 한다는 말이 정답이다.

그런데 실제적으로 정주인구를 높이는 데는 한계가 있다. 이는 일본에서 '관계인구'라는 개념이 나오는 배경이 되었고 이를 우리나라에서는 '생활인구'라고 부른다.

해당 지역의 특산물이나 역사문화 요소, 환경지리 특징 등이 무엇인지 알아봐야 한다. 그리고 이러한 지역의 고유성에 착안해 새로운 구상을 해보아야 한다. 무엇보다 지역자원을 적극 활용한 지역활성화가 가장 바람직하다.

일본의 내각부, 도쿠시마 현청, 카미야마 야쿠바, 카미카츠초, 사이타마 시청, 요코제야쿠바, 도코시긴자 상점회, 일본상공회의소, (주)이로도리 등 기관·단체·지역과 관련 있는 20여 명의 전문가 및 리더들의 생생한 이야기와 군산 우체통거리, 화수헌, 쌍산재, 양양 서피비치, 태안국립공원 관리소, 서천군청, 문경시청, 양양군청, 극락강역 등의 리더와 지자체들의 도움이 이 책을 완성하는 데 큰 힘이 되었다.

책이 나오면 한국은 물론 일본의 담당자들에게 보내 드릴 예정이다.

진심으로 감사하다.

2022년 초반부터 자료를 수집했고 책 제목도 '지역을 디자인하다'에 이어 '지역에 반하다'로 지었었다.

그러나 출간이 늦어지고 이미 방송에서 네이밍을 먼저 사용하는 바람에 따라쟁이가 되고 말았다.

이래서 늦으면 손해라는 옛 선인들의 말이 틀린 데가 없구나 하는 생각이 들기도 했다.

두 권의 번역서에 이어 한 권의 사례집을 내게 되어 개인적으로 여러 가지 숙제 중 하나를 끝낸 듯하다. 앞으로도 지역활성화 및 지역프로모션과 관련한 책을 지속적으로 출간해 볼 요량이다.

만남이나 인터뷰를 청했을 때 거절하지 않고 반갑게 대해 주고 좋은 말씀을 해준 여러분들을 일일이 직접 만나 지각 출판이 된 이유를 소명하며 감사의 말씀을 드리고 싶으나 그러하지 못하고 지면으로나마 고마움을 전한다. 또한 지금 이 시간에도 자원 부족, 인구감소 역경을 딛고 지역의 활성화, 지역 살리기를 위해 고군분투하고 계신 지역활성화 역군들에게 박수와 찬사를 보낸다.

아무쪼록 부족한 이 책이 지자체, 공공기관, 연구기관 등에서 지역활성화 정책이나 사례 분석에 미력이나마 보탬이 된다면 더할 나위 없는 영광이 될 것 같다.

지역이 다시 꽃피길 고대하며

갑진년 초봄에

임상용

차 례

2부 지역의 반란 사례_한국

3부 지역의 반란 사례_일본

1부

인구 소멸과 지역 살리기

01

대한민국의 지방이 소멸하고 있다

'지방쇠퇴'를 넘어 '지방소멸'이라는 말이 낯설지 않은 시대다.

2021년 10월 행정안전부는 전남 고흥군, 경북 군위군 등 인구감소로 소멸 위기에 처한 기초지방자치단체들을 '인구감소지역'으로 지정했다.

정부가 인구감소지역으로 지정해 고시한 곳은 89개 시·군·구다.(<연합뉴스>, 2021.10.18.) 정부는 이들 지역에 집중적으로 행정적, 재정적 지원을 하겠다고 밝혔다.

인구감소지역 89곳 중 85곳은 비수도권 지역이었고, 전라남도가 16곳으로 가장 많았다. 뒤이어 경상북도 15곳, 강원도 12곳, 경상남도 11곳, 전라북도 10곳, 충청남도 9곳, 충청북도 6곳, 부산직할시와 대구광역시가 각 3곳, 경기도·인천광역시가 2곳이 지정되었다. 인구감소지역은 5년마다 새로 지정된다.

지방의 소멸과 밀접하게 연관되어 있는 국내 수도권으로의 인구집중은 세계 다른 나라와 비교해 봐도 그 정도가 상당히 심한 편이다.

한국지방행정연구원에서 펴낸 < 꼭 알아야 할 지방자치 정책 브리프 > 자료를 보면 우리나라는 2021년 6월 기준, 전체 인구의 50.2%가 수도권에 집중되어 있는데 비해, 집중도가 높은 편인 일본은 28.0%이며, 프랑스는 19.2%, 독일은 7.4%를 차지하고 있다.

일본의 지방창생 정책의 근본 배경인 '동경으로의 일극 집중'은 우리나라에 비하면 심각함이 덜하다는 생각이 들 정도다.

정부가 지정한 인구감소지역에는 지방소멸대응기금 투입, 국고보조사업 혜택 부여 등과 같은 지원책이 이뤄진다. 지방소멸대응기금은 일자리 창출, 청년인구 유입, 관계인구 확대 등 다양한 인구 활력 증진사업에 사용할 기금으로, 해마다 1조씩 10년간 지원을 계획하고 있다.

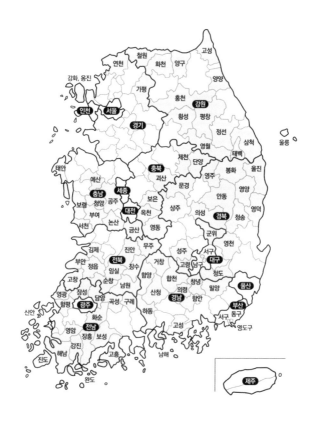

인구감소지역 지정 결과(89개 시·군·구)
출처: 행정안전부

지역의 반란

인구감소지역	시·군·구
부산(3)	동구 서구 영도구
대구(3)	남구 서구 군위군
인천(2)	강화군 옹진군
경기(2)	가평군 연천군
강원(12)	고성군 삼척시 양구군 양양군 영월군 정선군 철원군 태백시 평창군 홍천군 화천군 횡성군
충북(6)	괴산군 단양군 보은군 영동군 옥천군 제천시
충남(9)	공주시 금산군 논산시 보령시 부여군 서천군 예산군 청양군 태안군
전북(10)	고창군 김제시 남원시 무주군 부안군 순창군 임실군 장수군 정읍시 진안군
전남(16)	강진군 고흥군 곡성군 구례군 담양군 보성군 신안군 영광군 영암군 완도군 장성군 장흥군 진도군 함평군 해남군 화순군
경북(15)	고령군 문경시 봉화군 상주시 성주군 안동시 영덕군 영양군 영주시 영천시 울릉군 울진군 의성군 청도군 청송군
경남(11)	거창군 고성군 남해군 밀양시 산청군 의령군 창녕군 하동군 함안군 함양군 합천군

관심지역 18개(대전 동구, 인천 동구, 부산 중구, 부산 금정구, 광주 동구, 경남 통영시, 강원 강릉시, 강원 동해시, 대전 중구, 경북 경주시, 경남 사천시, 경북 김천시, 대전 대덕구, 강원 인제군, 전북 익산시, 경기 동두천시, 강원 속초시, 경기 포천시)

대한민국의 지방이 소멸하고 있다

그렇다면 지자체들은 어떤 지방소멸 대응 전략을 구상하고 있을까?

지자체에서 지역경제활성화를 위해 가장 많이 활용하는 것이 관광정책이다. 관광을 활용하는 가장 큰 이유는 관광객 1명이 지역에 미치는 파급 효과가 크기 때문이다.

한국관광공사 한국관광 데이터랩에 따르면 인구감소지역인 경북 영천시의 정주인구 1명이 유출됐을 때 관광객 92명이 1박 2일로 영천시에 오게 되면 지역 경제가 그대로 유지가 되는 것으로 나타났다.

지역마다 출렁다리나 수목원 등 각종 관광 시설을 지으며 관광지를 확대하는 이유다.(쿠키뉴스, '지방소멸 넘어 붕괴', 2023.09.13.)

쿠키뉴스가 최근 5년간 전국 17개 시도 주요 관광지 입장객 수 변화를 분석한 결과, 지난해 기준 3곳(서울·광주·울산)을 제외한 나머지 14곳에서 2018년보다 주요 관광지 개수가 늘었다.

하지만, 5년 동안 관광객 수가 늘어난 지역은 5곳뿐이었다. 관광지를 5곳에서 14곳으로 크게 늘린 세종은 2018년 관광지 입장객 수 58만 명에서 지난해 165만 명으로 3배 가까이 늘었다.

44.4% 늘어난 대전을 비롯해 대구(18.0%)와 전남

(10.7%), 충북(7.5%)도 입장객 수가 증가했다. 반면 제주와 부산은 같은 기간 주요 관광지 입장객 수가 각각 29.3%, 27.1% 감소했다. 최근에는 지역축제에 힘을 싣고 있는 경향도 크다.

치맥축제를 개최한 대구시는 "관광지가 활성화되면 숙박, 식당, 상점 등이 늘어나고 일자리가 생기는 효과가 있다"고 판단하고 있고 "지역 경제가 활성화되기 때문에 각 지자체에서 관광지 개발을 계속하는 것"이라는 인식이 강하다.

최근에는 한국관광공사를 비롯해 지자체들이 워케이션(Worcation)에 집중 투자하고 있다.

워케이션이란 일(Work)과 휴가(Vacation)의 합성어로 원하는 곳에서 휴식을 취하며 근무도 하는 새로운 근무 형태를 말한다.

한국관광공사는 워케이션 기업용 가이드북을 발행했는데 여기에는 워케이션의 개념, 배경, 기대효과, 유형, 국내 워케이션 현황 및 사례 등이 수록되어 있다.

그런데 문제는 지방소멸을 해결하기 위해 지자체마다 추진하는 지역활성화 정책들이 베끼기 사업인 경우가 허다해 대동소이하다는 것이다.

대표적인 예로 유행처럼 번진 출렁다리를 들 수 있다. 지자체들이 경쟁적으로 출렁다리를 설치한 결과

한국관광공사 대한민국 구석구석 홈페이지. 워케이션 시범사업, 워케이션 특화시설, 스테이형 워케이션 시설, 호텔&리조트 워케이션 시설 등이 세부적으로 구분되어 있다.

2022년 현재 200개를 넘어섰을 정도다.(<한국경제> 2022.02.17. 전국 관광지마다 '출렁출렁'…출렁다리 200개 넘었다.) 여기에 집라인, 케이블카, 모노레일 등이 유행처럼 가세했다.

이 밖에도 물총축제, 수제맥주축제, 문화재야행(47개, 2023년) 등이 경쟁적으로 치러지고 있다. 아쉽게도 지역활성화, 지역관광활성화를 위해 등장하고 있는 관광상품이나 명소, 축제들 사이에서 차별성을 찾아보기는 쉽지 않다.

여러 지자체가 '지역 살리기'를 위한 수단으로 일본에서 도입된 관계인구(우리나라에서는 생활인구라고 한다), 고향사랑 기부제 등을 활용하고 있다.

20

지역의 반란

지자체마다 사활을 걸고 다양한 지역활성화 정책을 내세우고 있지만 저출산, 고령화 등으로 인한 자연적인 인구감소를 대처하기엔 역부족이다.

지방소멸을 막기에는 어려움이 많다. 그럼에도 대한민국 곳곳의 행정, 젊은이, 지역의 리더, 지역 커뮤니티 등이 주도하는 가운데 다양한 형태로 지방소멸을 극복하기 위한 노력이 일어나고 있다.

그중에서도 행정의 역할이 무엇보다 중요하다.

위에서도 지적했듯이 대체적으로 지역활성화를 위해

텔레워크 포털사이트(https://telework.mhlw.go.jp/)

서 '관광정책'을 우선시하고 있다.

우선 외지인을 불러들여 지역경제를 활성화하고 소득을 끌어올리는 것이 필요하다는 사실을 인정한다.

하지만 지금은 단순히 관광이 아닌 지역민이 주체가 되고 지역민의 소득이나 권리가 보장되는 진정한 지역활성화를 위한 정책이 필요한 시점이다.

특히 지역활성화를 위한 정책으로 하드웨어 중심에서 벗어나 지역민과 함께하는 소프트웨어가 중요한 시기가 되고 있다.

일본의 대표 과소지역인 도쿠시마 카미야마초에 있는 새틀라이트 오피스

지역의 반란

02

일본의 지방소멸과 지방창생의 시작은?

▶ 지방창생의 시작

'지방소멸'이란 말은 2014년 5월 도쿄대 마스다 히로야(増田寬也, 일본총무대신 역임)가 발표한 '소멸가능성도시 896개 리스트'라는 보고서에서 시작되었다.

일본 인구는 2008년 1억 2,808만 명을 정점으로 급속도로 인구감소가 나타나서 2060년에는 8,674만 명, 2110년은 절반 이하인 4,286만 명으로 감소할 것이라는 추계가 발표되어 일본이 충격에 휩싸였다.

▶ 동경의 일극 집중을 시정하고…

이에 아베 정부는 인구감소와 고령화에 대응하고, 도쿄권으로의 인구 집중을 방지하며, 지역에도 살기 좋은 정주 환경을 확보해 지속 가능한 일본 사회를 유지하려는 목적으로 2014년 '지방창생법'을 제정했다.

도쿄 (Tokyo) 일극 집중 시정

지역 특성에 맞는 지역 과제 해결

젊은 층의 취업, 결혼, 육아 등의 희망 실현

도쿄로의 일극 집중을 시정하고 지역에 맞는 지역의 과제를 해결함으로써 젊은 층이 일자리를 만들고 결혼이나 육아 등을 통해 정주인구를 높인다.

일본의 인구 변화

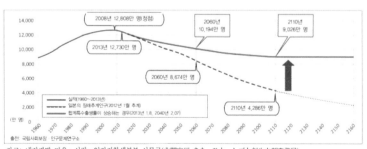

자료: 내각관방 마을·사람·일자리창생본부 사무국(內閣官房 まち·ひと·しごと創生本部事務局)

지역의 반란

마을·사람·일자리창생본부(まち·ひと·しごと創生本部, 현재는 내각관방 디지털 전원도시 국가구상 실현회의 사무국内閣官房デジタル田園都市国家構想実現会議事務局으로 변경)를 설치·운영하고 마을·사람·일자리창생종합전략(국가계획, 지방계획)을 수립하여 지방창생의 기본취지를 구체적으로 실행하는 것이다. 장기적으로 활력 있는 일본 사회를 유지해 나가기 위함이다.

· 마을(まち) : 국민 개개인이 꿈과 희망을 갖고 윤택하고 풍요로운 생활을 안심하고 영위할 수 있는 지역사회 형성

· 사람(ひと) : 지역사회를 짊어질 개성 넘치고 다양한 인재 확보

· 일자리(しごと) : 지역 내 매력 있는 다양한 취업 기회 창출

▶ 디지털 전원도시 국가구상 실현회의 사무국으로 변경

마을·사람·일자리창생본부(まち·ひと·しごと創生本部)는 내각관방의 디지털 전원도시 국가구상 실현회의 사무국과 내각부의 지방창생 추진 사무국으로 양분되어 새롭게 조직되었다.(2021년)

지방 디지털 인프라 정비 및 지방 활성화 추진을 위한 디지털 전원도시 국가구상 실현회의를 개최하고 지역

'일자리'와 '사람'의 선순환
이를 지원하는 '지역'의 활성화

정주인구를 높이기 위해서는 지역의 일자리를 늘려서 외지인, 특히
젊은 층의 이주를 유도해야 한다. 일본은 이를 통해 마을(지역)의 활
력을 찾는 것을 지역활성화의 근본 목적으로 정했다.

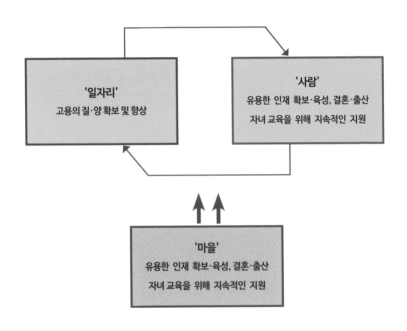

지역의 반란

디지털 전원도시 국가구상 홈페이지(https://www.cas.go.jp/jp/seisaku/digitaldenen/index.html)

일본의 지방창생 박람회는 대부분 기본 부스에서 자사 제품이나 서비스 등을 사진, 팸플릿, 영상 등으로 보여주고 관람객 등과의 상담을 통해 커뮤니케이션하는 것을 선호한다.

지방창생 엑스포 부스 모습. 우리나라에서 흔히 보이는 화려한 전시 부스가 아닌 상담형 위주의 전시부스로 이뤄져 있다.

디지털 전원도시 국가구상 실현회의 사무국 전경

일본의 지방창생 엑스포 회장 모습. 동경 빅사이트 전시장

의 인구 동향, 산업 실태 등을 반영하여 정책목표, 시책을 담은 '지방판 종합전략'을 수립한다.

또한 지역재생계획의 승인·지원(재정, 금융, 세제, 절차 특례 등)하는 역할과 기능을 수행하고 있다.

일본의 경우에도 지방창생 정책을 통해 이주를 통한 정주인구를 늘리는 것을 중점적으로 지원했지만 실제적으로 정주인구가 늘어나는 것은 현실적인 한계가 있었고 사용한 예산에 비해 효과가 그리 높지 않았다. 이에 디지털(Degital)을 접목하여 지방창생의 목적을 달성하려고 한다.(이는 필자가 일본의 지방창생 관련 다양한 담당자를 만나서 일부 들은 내용을 전하는 지극히 개인적인 생각일 수 있음을 밝힙니다.)

주요 추진 사업으로는 기업판 고향납세(법인 기부액의 최대 90% 세액 공제), 지방대학·산업 창생사업(교부금), 규제개혁을 통한 지역활성화, 도시기능 증진을 통한 지역활성화 등이 있다.

일본 내각관방 디지털 전원도시 국가구상 실현위원회에서 지방창생 관련된 사업과 설명을 위한 보고서 형태의 일부 내용. 디지털 전원도시 국가구상 관련된 종합 전략의 전체 개념을 보여준다. 디지털기술을 활용한 지역의 일자리 만들기, 유동인구를 늘리기, 결혼, 출산, 육아 지원, 매력 있는 지역을 만들자는 것을 기본 방향으로 설정하고 있다.

デジタル田園都市国家構想総合戦略の全体像

総合戦略の基本的な考え方

〜クの普及や地方移住への関心の高まりなど、社会情勢がこれまでとは大きく変化している中、今こそデジタルの力を活用して地方創生を加速化
全国どこでも誰もが便利で快適に暮らせる社会、を目指す。
〜の取組など一極集中の是正や多極化を図り、都会に匹敵する情報やサービスを利用できるようにすることで、地方の社会
原則アジェンダ〜。その取組の段階から実装の段階に着実に移行しつつあり、デジタル実装に向けた各府省庁の施策の推進に加え、デジタル田園
での地方創生の取組を引き続き推進し、地方創生の取組も一層深化させていくことで継続的な成果や知恵に基づき、改善を加えながら推進していくことが重要。

<総合戦略のポイント>

地方における仕事づくりとデジタル人材など人材の育成・確保

地方創生テレワーク推進事業

②主な事業内容

地方創生カレッジ事業

①予算：1.7億円（R4当初：2.2億円）
②主な事業内容
■デジタル人材を含む地方創生に必要な人材の育成・確保
実践的知識の提供をeラーニング等で実施。

地域経済分析システム（RESAS）による地方版総合戦略支

①予算：1.1億円（R4当初：1.1億円）
②主な事業内容
■RESAS等オープンデータの普及促進活動を実施し、デー〜
く政策立案や経営判断を行うデジタル人材を育成・確保。
■地域の課題に対応したデータセットやデータ活用のモデ〜
スを提供し、デジタル田園都市の実現に向けた地域の効〜
組を促進。

地域の担い手展開推進事業

①予算：0.2億円（R4当初：0.4億円）
②主な事業内容
■地域資源を活用した地域の稼ぐ力を高めるために、地域
の、地域の担い手の連携強化等を図るべく、「地域商社
ワーク」の運営に対して、デジタル技術活用を含めた人
ノウハウ共有等を行うことにより、地域商社等の市場変
応力を含めた稼ぐ力の向上を支援する。

31

일본의 지방소멸과 지방창생의 시작은?

03

창생과 재생의 차이는?

▶ 지방창생의 시작

2019년 첫 역서인 <지역창생과 지역활성화 전략>을 출간했을 때만 하더라도 '지방창생(創生)'이라는 단어에 대한 반감이 있었다.

용어를 바꿔보려고 다양한 궁리를 해봤지만, 대체어를 찾지 못했는데 시간이 지난 지금은 여기저기에서 창생이라는 단어를 자연스럽게 사용하고 있다.

32

왼쪽: 지방창생으로 지역을 활성화하다. (원서)
오른쪽: 지역창생과 지역활성화 전략, 2019, 학연문화사 (번역서)

우리나라에서는 지방창생보다는 도시재생이라는 단어가 더 익숙하고 자주 사용되고 있다.

그렇다면 '창생'과 '재생'의 의미는 같을까?

결론부터 얘기하면 지방창생과 지방재생은 완전히 다르다. '창생'이란 새로운 것을 만드는 것이고, '재생'은 되살리는 것이다.

▶ '창생'과 '재생'은 다르다

'창생(創生)'의 의미를 명확하게 정립하기 위해, 사전을 찾아보았다. 그러나 사전에는 '창생'이라고 하는 단어는 없었다. 유사한 말로는 '창성(創成)'이 있는데,

그것은 "처음 생겨난다"는 뜻이었다.

'지방창생'이란, "그 지역에 지금까지 없었던 새로운 것을 만들거나 실행을 통해서 그 지역의 진흥을 도모한다"는 것을 의미한다고 볼 수 있다.

재생은 '있는 것을 재활용한다'는 차원이라면 창생은 '없는 것을 만들어내는' 창의적(creative) 성격이 강하다고 할 수 있다. 또한 재생이 도시나 기존 시설을 위주로 한다면 창생은 지역자원을 활용하고 도시가 아닌 지역이나 지방, 즉 도시의 대척점인 소규모 지방도시를 대상으로 한다고 볼 수 있다. 정리하면 다음 표와 같다.

재생	창생
再	創
재활용 리사이클링 기존 시설 도시	새로움 Creative 지역자원 지역/지방
도시재생	지방창생

재생	창생

- 도시나 도심지역 재생, 개발 추진,
  도시의 노후화 인구감소, 경제적 문제 해결
- 도시나 도심지역 중심
- 물리적 개발, 하드웨어
- 지역에 새로운 기능 추가,
  쇠락한 지역이 자생력 갖춰 활동적인
  지역으로 재건(Regeneration)
- 하드웨어 개선의 중심사업
- 인프라, 건물 리모델링, 문화시설 개발
	- 지방, 시골에 집중, 창조적인 활동과 지역
	  자원 활용
	- 인구감소, 고령화, 지방의 경제적 지속가
	  능성 향상
	- 휴먼 웨어, 소프트웨어-지역민 스스로가
	  능동적 태도
	- 사람 유인, 일자리 창출, 창업 유도

▶재생은 도시의 전유물이다

'재생'의 국어사전적 의미는 '낡거나 못 쓰게 된 물건을 가공하여 다시 쓰게 함'이며 영어로는 리사이클(recycle)로 표기한다.

예를 들어 누군가가 "도시에 공장이 있었다. 세월이 흘러 공장은 문을 닫게 되었고 도시재생을 통해 근사한 카페나 전시장으로 재탄생하게 되었다"고 한다면 그것은 '재생'을 말하는 것이다.

전북 완주의 삼례책마을. 일제강점기부터 1950년대 사이에 지은 양곡창고를 고서점과 헌책방, 북카페 등으로 개조했다. 관람객 리뷰를 보면 대체로 지역예술가들의 다양한 작품을 볼 수 있는 것은 좋았지만 시설 내의 판매 시설이나 휴게시설에 대해서는 일부 아쉽다는 반응도 있다.

지역의 반란

1920년대 신축되어 2010년까지 양곡창고로 사용되다가 기능을 잃게 되었는데 지역 재생을 위해 완주군에서 매입해 문화공간으로 조성했다. 2013년 6월 5일 문화와 예술이라는 새로운 생명을 담은 삼례문화예술촌으로 탄생했다.

고정시설이라고 볼 수 있는 이곳은 특별전시, 장식물, 쉘터 등 다양하게 구성되어 있지만 현지인이나 외지인의 지속적인 방문을 위해서는 다양한 콘텐츠나 흥미 요소를 제공해야 하는데 여간 어려운 것이 아니다.

창생과 재생의 차이는?

지역의 반란

1관은 책 박물관. 과거 유명한 작가의 작품과 육필 원고 등을 관람할 수 있다. 2관은 북갤러리로 책과 관련된 특별 전시 등 쉽게 접하기 어려운 도서 관련 전시를 볼 수 있다.

삼례문화예술촌은 관광안내소와 중앙부의 공연장을 제외하면 7개의 건물로 구성되어 있다. '김상림 목공소'에서는 목수가 직접 깎아낸 다양한 작품을 만날 수 있고 운이 좋으면 작업하는 모습을 직접 구경할 수 있다. 목공서 맞은편에 위치한 '디지털아트관'에서는 영상미디어 작품과 가상현실(VR) 체험이 가능하다.

창생과 재생의 차이는?

삼례책마을은 헌책과 고서들도 많이 있어 책을 좋아하는 사람
들에게는 보물과 같은 존재다.1999년 설립된 영월책박물관이
2013년 이전하면서 생긴 곳으로, 이곳 역시 예전 양곡 창고 건
물을 활용했다. 이곳에서는 연 2회 이상의 기획 전시, 고서와 관
련된 문화행사 등이 열리는데 내부는 책 박물관, 고서점, 헌책방,
북카페, 전시실 등으로 이루어져 있으며, 시각장애인 겸용 도서
관도 마련되어 있다.

지역의 반란

그렇다면 시골의 경우 리사이클(recycle)을 할 수 있는 공장이나 시설이 없는 곳은 어떻게 할 것인가?

특히 지방도시의 경우에는 이런 시설이 거의 없는 곳이 대부분이다.

결국 도시재생은 도시를 위한 정책이라고 볼 수도 있다. 시설이나 건축물 등 자원이 부족한 지방의 소도시나 마을의 경우에는 도시재생이란 것이 어울리지 않는 경우도 있다.

어떻게 보면 지방 소도시나 마을에는 도시재생이라는 단어보다는 창생이 더 적합하다고 볼 수 있다.

우리나라의 경우에는 지자체, 정부 부처, 공공기관 등에서 '도시재생'이라는 정책이나 단어를 자주 사용하고 있는데 실질적인 지역활성화를 위해서는 도시재생보다는 '창생'의 개념에 주목해야 한다.

다만 창생이라는 단어가 일본에서 시작했다는 부정적 인식이 있을 수 있으나 기존의 시설물, 장치 등을 재활용한다는 개념보다는 지역자원을 활용하며 창의적으로 지역활성화 전략을 모색한다면 우리나라 실정에도 부합된다.

43

04

지역활성화의 정의와 목적

마케팅 학자인 코틀러는 경제 개발 마케팅 제1단계로 제조업의 고용 확보를 목적으로 한 중공업 공장 유치를 들었다. 제2단계는 현재 기업의 유지, 신규 기업 육성, 관광업, 수출 진흥, 해외 투자 유치 등의 목표를 설정한 가운데 경쟁력 분석과 시장 포지셔닝 등의 전략을 펼치는 것이라 주장했다. 마지막으로 제3단계는 제품 개발과 경쟁력 있는 틈새시장 개척 활동이라고 분석했다.

44

코틀러는 장소의 경쟁우위성을 경제 발전의 핵심으로 연결시키는 포괄적인 과정으로 '장소 마케팅'을 설명한다. 그러나 코틀러가 제시하는 활동 목표는 어디까지나 경제적 발전이라는 틀에서의 논의이다.

〈도표 0-1〉 마케팅 파악 방법

고객에게 있어서 가치가 있는 제공물(고객 가치)을 창조하고 전달·제공하는 활동, 프로세스(구조)이다

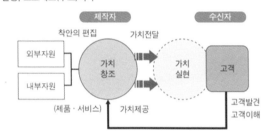

출처: 코틀러, 2008, 『마케팅 매니지먼트 기본편』 등을 참고하여 미야조에 켄지(宮副謙司) 작성 (2013)

내부에서 우러나오는 지역활성화야말로 본래의 지역 활성화라고 주장하는 이론이 늘어나고 있다.

야마자키 료(山崎亮)는 2012년에 발간한 〈커뮤니티 디자인의 시대, 中央公論新社〉에서 타인에게 의존한 재화 생산을 목표로 하는 것이 아니라 스스로가 이미 가진 자원, 즉 내부 자원에 의존한 발전을 목표로 노력

45

해야 한다고 주장한다.

그는 관점을 보다 미시적으로 두고 사람들이 일상생활을 영위하는 도시의 차원에서 지역활성화를 논하고 있다.

야마자키는 경작 포기 농지의 증대, 빈집 증가, 취락 경관의 황폐화, 전통적 행사의 쇠퇴 등과 같이 지역이 피폐해지는 배경에는 '커뮤니티를 유지하는 사람', 즉 '과제를 해결할 수 있는 주민'이 사라지는 현상이 존재한다고 지적한다. 즉, '풍요로운 과거의 모습을 되찾는 것'이 지역활성화로 이어진다고 주장하고 있다. 내부에서 일어난 지역활성화가 성공하기 위해서는 사람, 특히 젊은 세대를 지역으로 끌어들이는 것이 필수라고 주장한다.

〈도표 0-2〉 마케팅관점에서의 지역활성화를 파악하는 방법

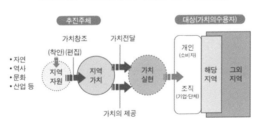

출처: 미야조에 겐지 (2014)

46

지역의 반란

세키 미츠히로(関満博)는 2012년 <지역을 풍요롭게 하는 일하는 방법, 筑摩書房>이라는 책을 통해 지역 활성을 '20세기 후반의 경제 발전 모델을 뛰어넘는 새롭고 바람직한 방식'으로 '사람들이 삶의 보람을 갖고 일할 수 있는 환경의 형성', '사람들에게 도움이 되는 일자리 창조', '한정적인 자원을 유효하게 활용하여 순환이 지속될 수 있는 지역사회를 형성해 나가는 것'이라고 주장한다.

이는 종래의 외발적(外発的) 발전에 의존한 지역경제의 활성에 의지하는 것이 아니라 지역 자체가 기존에 소유하고 있던 자원을 바탕으로 스스로가 능동적인 태도로 일을 창조하는 사회를 이상으로 삼고 그것이 다음 세대로 계승되어 가는 모습이야말로 지역이 활성화되는 것이라고 주장하고 있는 것이다.

또한 키요나리 타다오(清成忠男)는 2010년 저서 <지방 창생으로의 도전, 有斐閣>에서 '지방창생'이라는 용어를 통해 지역활성화 과정을 제시하고 있다. 즉, 지역을 살리기 위해서는 내수를 발굴하고 새로운 사업을 창출하는 과정이 필요하다는 입장이다.

그리고 신산업이 정체된 지역산업을 보완하게 되어 결과적으로 고용, 소득, 세수 증가로 이어져 지역경제의 새로운 성장이 이뤄지고 최종적으로는 새로운 지

8월의 축제 기간 이외에도 공연
을 보러 많은 관광객이 방문해 지
역활성화에 기여하고 있다.

지역의 반란

일본 도쿠시마의 대표적인 마쓰리인 아와오도리를 연중으로 볼 수 있는 아와오도리 극장

역 사회의 형성, 즉 지역이 창출된다고 한다.

표현은 다르지만 키요나리와 세키의 주장처럼 '20세기 후반의 경제 발전 모델을 능가하는 새로운 방식'으로서 내발적(內発的) 발전이 옳다고 인정하며 기본적으로는 숨어있는 수요를 바탕으로 일자리 창출에 지역 재생의 실마리가 있다고 생각한다.

지역활성화란 대상을 제품이나 서비스가 아닌 '지역'을 대상으로 하는 마케팅이며 지역의 가치를 창조하여 시장·사회에 전달하고 제공하는 일련의 과정 및 결과물을 지칭한다.

49

05

무엇이 지역자원인가?

지역자원에 대한 개념은 학자마다 조금씩 다르다. 하지만 지역의 자연, 문화, 역사, 환경을 기본으로 한다는 점에서는 동일하다.

국내에서는 지역자원과 관련한 개념이나 연구가 다소 부족한 편이다. 복지 분야의 지역 사회자원이라는 개념이 있지만 지역활성화와는 다소 거리가 있다.

최근 지방소멸과 관련하여 지역활성화를 위한 자원으로 활용하고 있다는 사례는 있지만 지역자원에 대한

도쿠시마현 카미카츠초(上勝町)의 일본 계단식 논 타나다(棚田). 우리나라의 다랑이논과 같은 것으로 무공해 농산물과 특이한 체험을 제공한다.

정의는 거의 없다.

관광자원에 대한 정의, 연구는 많은 편이다. 관광자원은 자연관광자원과 인문관광자원으로 대별할 수 있으며, 자연관광자원에는 산악·구릉·해양·섬·하천·호소(湖沼)·산림·수목·화초·동물·온천 등이 포함되며 인문관광자원에는 문화적·사회적 자원으로서 건축물·사적(史蹟)·예술품·민속·문화시설·관광시설·유무형 문화재 등이 포함된다.(두산백과 두피디아)

반면 일본에는 지역자원법이 있어 명확한 지역자원에 대한 정의가 있다. 학자마다 정의가 약간은 다르지만 지역의 자연, 문화, 역사, 환경을 기본적인 범위로 한다는 것에는 유사한 점이 있다.

관점에 따라서는 관광자원과 유사한 점이 있지만 범

위에 있어서는 지역자원이 좀 더 포괄적인 개념을 내포하고 있다고 볼 수 있다. 또한 관광보다는 상위개념의 지역활성화를 목적으로 하고 있다.

일본의 지역자원에 대한 정의를 살펴보면 다음과 같다.

사사키 가즈나리(佐々木一成)는 2011년에 저서 <지역브랜드와 매력 있는 거리 만들기(학예출판사)>를 통해 지역이 갖고 있는 자원은 자연, 지방 산업, 역사·문화에서 만들 수 있는 것으로 ①특산품 ②관광 ③문화·환경 등 세 가지로 구분할 수 있다고 했다.

세키 미츠히로(関満博)는 지역자원은 실로 다양하다며, ①자연 자원(광물자원, 온천, 해양, 산악지대 등의 경관), ②역사 자원(유적, 건축물, 거리 풍경), ③산업 자원(농림업, 축산업, 수산업, 생업, 제조의 역사), ④생활 자원(전통 음식, 생활 형태 등)으로 나누어 설명했다.[세키 미츠히로(関満博), 2012, <지역을 장식하는 일하는 방법>치쿠쇼보(筑摩書房)]

종합해 보면 '자연과 마주하는 사람과 영위하는 모든 것'이 지역자원이다.

일본 우동의 본고장 사누끼우동.
사누끼시에 각종 우동 체험장이
있어 지역의 명물인 '우동택시'를
타고 우동을 먹으러 가는 외지인
에게 인기가 많다.

다무라 마사노리(田村正紀)는 2012년 저서 <관광지 어메니티, 하쿠도우(白桃書房)>에서 소비자가 관심이 많은 지역자원을 크게 ①역사유산 ②녹지 ③도시 ④향토문화로 나누었다.

또한 향토문화는 ①명소·옛터, 역사·전통, 거리·경관, 공예·공업 ②자연, 기후·풍토, 농수축산물, 온천, 기념품 ③상업시설, 오락시설, 숙박시설, 미술관·박물관, ④이벤트·축제, 향토 예능, 현지 요리 등 4가지로 나눌 수 있다고 했다.

자연·경관	역사·문화	음식·식품
입지·산·강·바닥·계곡·농지·원류, 해변	명소·유적·사찰·박물관	생산자·농임산물·해산물·강
경관·거리, 그리운 풍경, 계절·식물, 촬영지	전통행사, 축제·이벤트, 예능·음악, 스포츠	특산품, 식품 제조업, 가공직물, 지역 브랜드
임업·바람·열·경관·일조·강우, 폐기물	전설, 이야기, 발상지, 사투리, 놀이	향토요리, 현지 요리 먹는 법·취식 체험

제작기술	공공재	사람
전통공예, 장인기술, 생산지, 고유기술	고속도로, 철도, 비행기·공항, 항구, 역사적 거리	열정맨, 이주자, 퇴직 시니어, 여성·젊은층
정밀기술, 보유설비, 비용관리, 우수 디자인	역, 직매점·상점가·공업단지	지역NPO, 지역기업, 기업 지원자, 대학·고교
연구기관, 거래 기업, 기술인 양성, 자격 취득	관광시설, 공원, 숙박시설, IT 인프라	OB 향우회 등, 관계자, SNS·금융정보미디어

출처: 지역자원 발굴 세미나
(이마와카 아키라, 주식회사 지역사업재생파트너스 대표)

무엇이 지역자원인가?

일본의 경우에는 농림수산형, 산지기술형, 관광형으
로 구분하여 약 14,000여 건이 지역자원법으로 지정
되어 있다.(2017년 기준)
국내는 위에서도 얘기했듯이 지역자원보다는 관광자
원으로 지칭하는 경우가 많다.

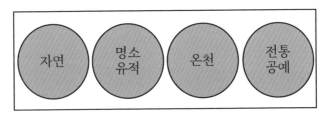

지역 고유의 자원

농림수산형	지역의 특산물로 인식되고 있는 농림수산품
산지기술형	지역의 특산물로 가공하는 일련의 기술
관광형	지역의 관광자원으로 상당 부분 인식된 것

출처: <ちょこゼミ No.303>　探せばある！地域資源の見つけ

지역자원의 특징은 첫째, 지역자원은 지역과 불가분해 이전이 불가능하다. 둘째,
지역자원은 다른 사람이 흉내내기가 어렵다. 셋째, 지역자원은 지역브랜드를 잘
나타내는 빠른 방법이다. 종합적으로 정리하면 지역자원은 지역의 정체성을 나
타내는 자체라고 할 수 있다.

국토교통부는 2023년 12월 지자체에서 수행 중인 지
역개발 사업·사례를 공유하고 개발정책 역량을 높이
기 위해 우수사례 경진대회를 개최하여 관광(지역개발
공모, 지역개발계획), 산업·주거복지 등 3개 분야별로 각각

최우수 사례 1건과 우수 사례 1건 등 총 6건을 선정했다. 우리나라에서도 지역자원에 대한 관심이 높아지고 있다. 지역자원을 활용한 사례, 특히 지역이 산품을 이용해 가공품을 만들어 생산 농가의 소득을 높이고 지역을 알리는 사례 등이다.

지역의 산품·지역의 자원이 무엇이 있는지, 매력은 무엇인지, 어떻게 지역의 자원을 확산시키고 알리는 지는 지역활성화에서 매우 중요하다.

지역활성화를 위해서는 우선 각 지역이 어떤 지역자원을 갖고 있는지 파악하는 것이 절대적으로 필요하다. 도시 재생이 아닌 창생의 개념으로 보면 지역의 고유한 자원을 통해 지역활성화를 이루는 것이 반드시 필요하기 때문이다.

지역활성화를 위한 씨앗으로 지역자원을 바라보는 관점이 필요하다.

무엇이 지역자원인가?

분야	구분	지자체	사업명 및 주요 성과
관광 〈지역개발공모〉	최우수	전북 정읍시	**구절초 테마공원 사계절 활성화 조성사업** - 지역 대표 브랜드인 '구절초'를 활용하여 기존 가을에서 사계절 정원으로의 확장과 체험시설 조성 등을 통해 다양한 방문수요층 확대·지역경제 활성화 도모 - 사계절 정원과 캠핑장을 조성하여 10월 축제기간 외 사계절 관광지 조성

지역의 반란

분야	구분	지자체	사업명 및 주요 성과
관광 〈지역개발공모〉	우수	충남 청양군	**알프스로 가는 하늘길 조성사업** - 천장호를 중심으로 산재되어 있는 관광자원을 연계하여 시너지효과 창출 - 천장호 출렁다리에서 단절된 수변 산책로를 뷰티센터와 연계하는 탐방로를 조성하여 별빛축제, 조롱박 뷰티축제 등 주요 관광산업과 농촌마을 상생발전 도모

무엇이 지역자원인가?

분야	구분	지자체	사업명 및 주요 성과
관광 〈지역개발계획〉	최우수	충남 예산군	**예산상설시장 활성화 공영주차장 및 소공원 조성사업** - 편리하고 쾌적한 시장 및 휴식 공간 제공, 시장과 연계된 문화예술 공간과 축제공간을 조성하여 주민의 삶의 질 향상 기여 - '예산장터 삼국축제' 등 지역축제 시 축제 보조구역 및 주차장으로 적극 활용

지역의 반란

분야	구분	지자체	사업명 및 주요 성과
관광 〈지역개발계획〉	우수	충남 보령시	**보령스포츠파크 조성사업** - 전국 유소년 축구대회 'js 컵 대회' 등 다양한 축구대회를 개최하여 전국의 유소년 축구 꿈나무와 축구 동호인에게 사계절 훌륭한 스포츠 인프라로 활용

무엇이 지역자원인가?

분야	구분	지자체	사업명 및 주요 성과
산업 주거 복지	최우수	경북 경주시	**신경주역세권 지역개발사업** - KTX 고속철도 신경주역 일원에 경주시의 특성과 상징성을 내포한 복합기능의 신도시를 조성하여 지역경제 활성화에 기여(문화관광, 교육업무 기능이 추가된 복합 도시로 개발)

분야	구분	지자체	사업명 및 주요 성과
산업 주거 복지	우수	전남 화순군	**수산식품 클러스터 조성사업** - 바다가 없는 화순에서 발상의 전환을 통해 양식 수산물 생산 외 체험과 관광이 함께 어우러지는 6차산업 모델로 개발 - 수산물을 활용한 가공·건강식품을 개발하여 내수면 양식단지 조성사업과 연계해 시너지 효과로 어가의 새로운 소득원 창출 가능

출처: 지역자원 활용한 지역개발사업 우수사례 6건 선정
(국토교통부, 2023.12.10.)

무엇이 지역자원인가?

06

지역활성화와 지역 이벤트

'이벤트'라고 하면 가장 먼저 무엇이 떠오를까?

프러포즈, 생일파티, 선물, 출판기념회 등 개인적인 행사부터 지역축제, 박람회, 기념식, 체육대회 등이 떠오른다. 이벤트의 범위는 한 사람이 일생 동안 살면서 경험하는 통과의례부터 국가의 대형 국제행사까지 범위 폭이 매우 넓다.

이벤트의 개최 목적은 다양하다.

'어떤 목적을 이루기 위해 수단으로 사용하는 행사'라

는 측면에서 보면 기업의 경우는 마케팅을 목적으로, 지자체는 지역경제 활성화를 목적으로, 국가는 국격 제고를 목적으로, 기업행사·지역축제·박람회·올림픽 등을 개최한다.

전 세계적으로 동계올림픽, 하계올림픽, 월드컵, 세계 육상대회 등 4대 메가 이벤트(그랜드슬램)를 치른 국가 는 6개이며 대한민국도 그중 한 곳이다.

우리나라에서는 도시재생을 기치로 다양한 사업을 진 행하고 있다. 도시와 지역(지방)은 대척점에 있다. 도시 재생은 일종의 리사이클링으로 기존 시설이나 하드웨 어를 재활용한다는 의미도 있다.

모터쇼에 설치된 국내 자동차 회사의 전시부스. 회사의 철학과 차량의 특장 점을 어떻게 연출하느냐가 중요한 전략이 되고 있어 전시부스는 자동차회사 에게 있어서 매우 중요한 마케팅 활동의 일환이다.

지역활성화와 지역 이벤트

특별한 지역자원이 없는 곳에서는 지역축제가 외지인 혹은 지역민을 불러들이는 효자 노릇을 하고 있다.

그런데 여기에 맹점이 있다. 예를 들어 공장시설이나 기존 시설이 없는 지역은 무엇으로 재생을 할 것인가? 지역활성화를 '관광'으로 보는 시각이 있다. 지자체들은 케이블카, 출렁다리, 어트랙션 등 관광객을 유치하기 위해 다양한 사업을 벌였다. '붕어빵'이라는 비난도 있었고 나름 성공한 지역도 있다. 이런 시도들은 지자체들이 생존하기 위한 필사의 몸부림이다.

고정 시설은 다소 위험성이 있다. 성공하면 황금알을 낳는 보물이 되지만 실패할 때는 처치 곤란이다. 관광시설, 상징물, 관람시설 등 다양한 지역활성화를 위한 정책이 실패로 돌아가 세금 낭비라는 지적을 받는 경

지역의 반란

칠곡보 생태공원에서 개최하는 '낙동강 세계평화 문화 대축전'의 주 무대 모습. 2023년에는 대형무대를 세우고 젊은 층이 좋아하는 공연으로 구성해 집객과 지역활성화에 긍정적으로 작용했다.

매년 10월, 대구 동화사에서 개최하고 있는 승시축제는 과거 스님들이 하던 물물교환, 물품 구입 등의 전통을 살린 특색있는 축제다.

지역활성화와 지역 이벤트

여수엑스포가 종료된 후 일부 임시 시설은 철거하고 영구건물을 활용하여 전시, 컨벤션 등을 진행하고 있는 여수엑스포 회장. KTX 여수엑스포역이 인접하고 있어 많은 외지인이 편리하게 방문하고 있다.

지역의 반란

매년 10월에 개최하는 낙동강 세계평화 문화 대축전에서 공병대의 지원으로 부교가 설치되어 관람객들이 건너고 있다.

우를 아주 쉽게 주변에서 볼 수 있다. 피 같은 세금을 좋은 취지로 썼는데 무용지물이 된 것이다.

2007년 세금 9억 원을 들여 만든 무의도 드라마 촬영 세트장도 결국 철거되는 운명에 놓였다. 하나개 해수욕장 인근에 있었던 이 세트장은 지난 2003~2004년 방영된 드라마 '천국의 계단'과 2007년 드라마 '칼잡이 우수정' 촬영지였다. 하지만 관리 부실과 마땅한 활용 방안을 찾지 못하다가 결국 20여 년이 지난 지금에서야 철거를 하기로 결정했다.

이뿐만이 아니다. 대표적 한류 드라마 '별에서 온 그대'(2013~2014) 촬영지로 인기를 끌었던 폐채석장인

지역활성화와 지역 이벤트

기업에게 있어서 행사는 중요한 마케팅 수단이다. 특히 고객 혹은 미래의 소비자들에게 긍정적 인식을 불어넣어 주며 홍보도 할 수 있는 체험마케팅의 중요한 수단이다. 2021 서울스마트 모빌리티 엑스포가 마포구 상암동 문화비축기지에서 열렸다. 4차 산업혁명이 가져온 이동수단의 변화를 전망하고 모빌리티의 미래 청사진을 제시하는 행사였다. 미래 교통에 대한 서울의 비전을 소개하고 선도 기업들의 혁신 기술과 서비스를 직접 볼 수 있는 자리로 시민들이 쉽게 찾고 있는 장소에서 개최되었다.

지역의 반란

매년 충주에서 개최하는 지역민 화합 축제인 우륵문화제. 유명 연예인 없이 경연, 체험 프로그램 등으로 2023년에 51회째를 개최한 오래된 전통 있는 충주의 대표 축제이다.

부안의 마실축제. 부안은 뛰어난 자연 자원도 있지만 지역축제에 '마실'이라는 소재를 활용해 지역브랜드를 제고하고 있다.

지역활성화와 지역 이벤트

연수구 송도 석산은 한때 중국인 관광객들의 필수 관광 코스로 꼽혔다. 하지만 송도 석산은 사드(THAAD·고고도미사일방어체계)를 둘러싼 한·중 갈등과 함께 낙석과 붕괴 우려로 2016년부터 출입이 통제됐다가 2020년부터 텃밭 등으로 활용되고 있다.(<인천일보>, 2023.03.14.)

홍성의 대표 관광지인 용봉산 입구 사거리에 커다란 조형물이 서 있다. 지난 2013년 보령시가 수천만 원을 들여 세운 보령시 캐릭터 머돌이와 머순이. 내포 신도시 조성 당시 개발 계획 지침에 따라 15개 시·군이 지역 홍보를 위해 신도시 곳곳에 조형물을 설치했는데 뜬금없다는 민원이 끊이질 않고 있다.(KBS뉴스, 2023.2.17.)

대부분의 지역축제는 '관광'을 목적으로 개최한다. 지역자원을 활용한 일종의 외지인 집객 수단인데 개최 기간이 고작 3~4일이다. 사나흘 동안 관람객이 수십만 명 온다고 얘기하지만 정작 지역 내의 파급 효과는 크지 않다. 지역축제에 대한 부정적 여론이 생겨나는 이유 중 하나다.

하지만 지역축제가 모두 그런 것은 아니다. 너도나도 개최하고 있는 지역축제 중에는 긍정적 역할과 효과를 발휘하는 축제들이 있다.

이 축제들은 죽어가는 지역을 살리고 지역경제에 활력을 불어넣는다.

결국 지역축제는 개최하는 것이 목적이 아니라 무엇을 목적으로 하는가, 어떤 결과를 달성하는가의 문제이다. 보여주기식 축제, 중복되는 소재의 축제, 정치적 목적으로 치러지는 축제, 지역경제 활성화 효과가 없는 축제 등은 개최에 대한 면밀한 검토가 있어야 한다.

특히 지역축제는 '관광'이 목적이 아니라 지역 경제 활성화, 지역활성화가 그 최종 종착점이 되어야 한다. 요즘 지자체마다 마이스(MICE) 산업에 집중하고 있다. 그런데 마이스(MICE)에 대한 정의나 산업의 파급 효과 등은 검증이 부족한 경우가 많다.

또한 컨벤션, 인센티브 투어, 미팅, 전시회 등은 새롭게 생긴 것이 아니라 기존에 있는 것을 MICE라는 용어로 포장했다는 의견도 더러 있다.

국제회의의 기본은 교통과 숙박 인프라다.

그런데 우리나라 지방의 경우에는 국제선 직항이 없는 도시가 대부분이고 직항이 있더라도 상당히 한정적이다. 이에 해외에서 오는 경우 이동시간만 1일 이상 걸리는 경우가 많아 이동 편의성이 현저히 낮은 편이다. 결국 지방의 도시는 국제회의나 국제행사를 치르는 데 불리한 상황이다.

전시회도 마찬가지다.

국제전시장이라는 명칭이 있지만 바닥하중, 면적 등의 이유로 일정 정도의 규모 이상을 개최하는 것은 곤란하다.

도널드 게츠(Donald Getz)의 이벤트 분류에 따르면 국제회의, 전시회 등은 하위 항목으로 되어 있다. 결국 마이스, 지역축제, 스포츠 메가 이벤트, 박람회 이 모두가 '이벤트'의 범주에 속하는 것이다.

그리고 꼭 국제적인 이벤트를 해야만 하는 것은 아니다. 국제행사가 어려우면 기업 회의를 유치하는 것도 방법이다. 대규모의 박람회, 대규모 전시회, 국제 규모의 행사가 아니더라도 국내에는 수많은 행사가 이뤄지고 있다. 기업 행사 시장 규모가 어림잡아 2조 5천억 원에서 3조 원 정도로 추산된다. 반면에 공공 행사는 8,900억 원(2015, 행정안전부) 규모이다. 공공 행사와 기업 행사 등 다양한 형태로 개최하는 행사를 지자체에서 유치할 수 있다.

'기업 하기 좋은 지자체, 공장 하기 좋은 지자체'라는 슬로건이 있듯이 '행사하기 좋은 지자체'도 고려해보면 어떨까?

지역축제, 기업의 신제품 발표회, 기업 회의(기업 Hospitality), 기념식, 주민 화합 행사, 지역 음악회, 소규모 전시회, 직원 단합대회, 비정기 판매행사(이동형 마켓), 차박 캠핑, 등반대회, 육상대회, 걷기대회, 폐교 이벤트, 마을 축제 등 수많은 행사가 있다.

이런 행사들은 고정 시설보다 예산이나 투자 비용이 적게 들고 실패에 대한 부담감이 적으며 무엇보다 지역민에게 혜택이 돌아가고 지역의 소상공인들에게 직접적으로 긍정적인 영향을 줄 수 있다.

지방소멸은 대한민국의 미래를 담보해야 하는 지역이 죽어가고 있다는 매우 심각한 상황이다. 지방소멸 위기 지역으로 지정된 89곳에 이른바 '산소호흡기'를 달아야 할 판이다.

이처럼 지방소멸이 눈앞의 현실로 나타날 때 가장 기본적인 대응은 '지역활성화'다. 지역 이벤트를 통해 지역을 알리는 것은 지역활성화의 첫걸음이라 할 수 있다. 이왕이면 산소호흡기를 떼어내도 장기적으로 지방이 고유성을 유지하며 번창할 수 있는 지역 이벤트가 필요하다. 고정 시설에 투자하는 것보다 지역 이벤트를 개최하는 것이 리스크를 최소화하면서 다양한 효과를 기대할 수 있는 길이다.

지역 이벤트의 매력에 빠져볼 만하다.

73

07

지역축제가 아닌 지역활성화 축제다

지역을 알리기 위한 수단으로 전국 각지에서 지역의 특산물, 유적, 문화, 인물 등을 소재로 열리고 있는 행사를 흔히 지역축제라고 한다.

그러나 축제 소재의 중복, 과다한 예산 지출, 유희성 등으로 말미암아 축제에 대한 부정적 인식도 자리 잡고 있다. 일부 여론에서는 축제 예산을 줄이고, 복지 예산으로 사용하자는 의견도 나오고 있다. 지역축제를 유희성, 낭비적인 것으로 바라보는 것이다.

전주 골목상권 드림축제가 열리는 전주 우아동의 모습. 전주는 막걸리 골목 등 다양한 상권이 형성되어 있다. 전주시에서는 각 상인회를 지원하며 상권 활성화를 위한 축제를 개최하고 있다.

지역축제는 대부분이 축제 평가를 하고 있다. 일부 축제의 경우 실제 관람객 방문 인원이나 경제적 효과를 부풀려 축제지표에 대한 신뢰도가 하락했던 경우도 있다. 이에 정책을 관장하거나 지원하는 정부 부처에서도 축제의 경제적 효과에 대해 부정적으로 보는 경우도 있었다.

그럼에도 지자체에서 지역축제에 대한 지속적인 지원이나 주최를 하는 것은 분명 긍정적 효과가 있다는 것을 방증한다. 실제로 지역축제를 성공적으로 치러 지역경제활성화 혹은 지역의 지명도 제고를 통해 긍정적 효과를 본 지역도 꽤 많이 있다.

지역축제가 아닌 지역활성화 축제다

결국 지역축제는 지역자원을 착안하여 지역 생산 농가, 지역 이미지, 지역 브랜드 등을 높이는 순기능이 많다는 것을 알 수 있다.

코로나 19를 통해서도 여실히 증명되었다. 지역축제의 효과는 그동안 지역축제에 대한 회의적 시각도 있었고 역기능도 일부 있었지만, 무엇보다 지역생산 농가의 피해가 극심하다는 것이 바로 그것이다. 그만큼 지역생산 농가에게는 지역축제가 중요한 판매 채널이 되는 것이다.

위에서 언급했듯이 지역축제의 소재는 특산물, 유적, 문화 등 다양하다. 그중에서 지역에서 가장 중요하고 소중한 것은 바로 그 지역에서 생산하는 산품이다.

땅(논, 밭), 바다, 산 등에서 생산하는 산품들의 판로가 막혀 가장 피해를 본 계층이 바로 지역 생산자들이며 그들이 바로 코로나로 인해 가장 큰 피해를 본 계층이다. 결국 지역축제의 본질은 관광, 여행, 여가도 아닌 지역 산품을 생산하는 그 지역의 주민에게 있다.

지역활성화에 있어 가장 중요한 것 중 하나는 바로 지역민의 소득이다. 정량적인 평가를 통해 지역경제활성화에 대한 지표는 산출하지 못했지만, 전국 방방곡곡의 지역민들이 코로나 19로 인해 축제를 개최하지 못한 피해를 고스란히 받은 것은 사실이다.

부안유유 참뽕축제. 지역민들이 직접 참여해서 축제를 꾸미고 있다.
특히 노인들이 역할극을 하고 있어 재미와 감동을 주고 있다.

접경지역이자 청정지역인 강원도 철원 화강에서 펼쳐지고 있는 철원 화강
다슬기축제. 다슬기 잡기 체험행사와 함께 인근 백골부대 장병들이 재능기
부를 통해 다양한 볼거리를 제공하고 있다. 화강다슬기축제는 청정한 화강
에서 백골부대의 참여와 지원 아래 매년 8월 첫째 주에 4일간 개최되고 있
다. 태봉제, 한탄강얼음트레킹 축제와 더불어 철원을 대표하는 축제이다.

지역축제가 아닌 지역활성화 축제다

임실치즈 축제. 벨기에 출신인 지정환 신부가 시작한 치즈 생산이 임실이라는 지역을 국내 최대의 치즈 생산지로 발전시키며 지역브랜드가 되었다. 특히 치즈 생산농가가 늘면서 지역의 대표적인 산업으로 정착하였고 임실 지역의 정체성을 '치즈'라는 산품을 대표하는 곳으로 자리매김하는 데 큰 공헌을 했다. 실제로 축제기간 판매되는 치즈 양이 어마어마하고 인기 제품은 조기에 매진되는 진풍경이 벌어진다.

지역의 반란

따라서 일부 관광학자들이 주장하는 '관광축제'는 지엽적인 목적이고 바로 해당 지역의 지역활성화가 바로 지역축제의 본질이자 중요한 목적이라는 것이 증명되었다. 또한 지역경제의 핵심은 바로 지역민의 소득이다.

따라서 일부에서는 지역축제를 '관광축제', '페스티벌' 등으로 칭하였는데 이를 '지역활성화축제'로 명명하자는 주장을 한다. 그래야 지역축제에 대한 반감과 불신이 줄어들 것이고 결국, 지역축제는 지역활성화가 가장 큰 목적이며, 나아가 최종 목표는 지역민의 소득 증가라는 것을 명확히 할 수 있다.

지역축제가 아닌 지역활성화 축제라는 명확한 목적을 부여해야 한다. 일부 지자체 조례 등에는 이 같은 행사를 이미 '지역축제' 혹은 '문화관광축제' 등으로 규정하고 있어 현실적으로 명칭을 바꾸는 것은 다소 무리가 있다. 말로만 지역활성화, 지역경제활성화라 할 게 아니라 실질적으로 지역활성화에 기여하는 지수를 측정하는 기준을 만드는 것도 제안해 본다. 특히 문화관광축제를 지향하고 있는 문화체육관광부는 지역활성화 지수(축제를 통한 실질적 판매 효과, 관계인구 관심도 등)를 개발해 지역축제에 적용하는 것은 어떨까?

지역의 반란

81

제주 신산공원은 제주시 중심에 위치하고 있으며 인근에는 고기국수 거리가 자리 잡고 있다. 제주시와 제주관광공사에서는 거리 활성화를 위해 프로그램을 찾다가 빛을 통한 축제를 개최한다. 신산공원은 인근 지역민이 걷기나 운동 등을 할 수 있어 자연 집객이 되고 있으며 또한 국수거리를 방문하는 외지인들도 많아 현지인과 외지인을 동시에 만족시켜주는 축제로 평가받고 있다.

지역축제가 아닌 지역활성화 축제다

진안 마이산 겨울동화축제. 진안고원의 동화 같은 풍경
을 전하기 위해 매년 겨울에 개최하는 지역축제. 주민들
이 직접 펼치는 퍼레이드도 볼만하다. 진안은 우리나라
지역에서 고도가 높은 곳 중의 하나로서 진안고원이라
불리고 있다. 관광활성화와 지역경제활성화를 위해 겨울
에 개최되는 축제로 '역고드름'이라는 소재 등을 통해 홍
보하고 있다.

지역의 반란

08

지역축제, 관계인구 유입 플랫폼으로⋯

지역축제의 목적은 지역활성화이다.

지역의 산품, 문화, 역사, 자연 등의 지역자원을 활용하여 지역을 알리고 지역을 활성화하는 것이다. 이런 성격을 지닌 지역축제는 최근 심각하게 회자되고 있는 지방소멸에 대한 지역의 대처 활동 중 가장 쉽게 접근할 수 있는 수단이라고 할 수 있다.

지역활성화를 통해 지역을 알리고 정주인구를 높이는 것이 지방소멸의 최선의 대처 방안이지만, 이게 쉽지는 않다. 즉 정주인구를 높이려고 각 지자체나 국가에서는 대대적인 예산을 집행하고 있지만 실적이 그리 만족지 못하다.

이에 대안으로 제시된 것이 바로 '관계인구'다.

일본에서 명명된 관계인구는 한국에서는 '생활인구'라고 한다. 일본은 관계인구를 정의할 때 '관광'은 제외하는데 우리나라 문화체육관광부에서는 '관광'까지 포함하고 있다.

이 책에서는 관계인구로 통칭하려 한다.

'관계인구'란 특정 지역에 지속적으로 다양한 형태로 관련된 사람을 지칭한다. 흔히 관광 이상 이주 미만으로 비유되기도 한다. 구체적으로는 겸업이나 부업 등과 관련이 있거나 축제나 이벤트 운영에 참여해 즐기는 등, 팬 베이스의 교류를 반복하는 등의 계층을 포함한다.

관계인구라는 개념이 처음으로 사용된 것은 동북 타베루 통신(東北食べる通信)의 편집장인 다카하시 히로유키(高橋博之)의 저서 <도시와 지방을 섞다>에서다. 학술적 개념보다는 현장에서 시작된 용어였지만 이제는 학술 용어로도 빈번하게 쓰이고 있다. 관계인구가 무관심에서 특산품 구입, 기부(고향 납세, 일본의 제도), 빈번한 방문, 2개 지역 거주, 이주로 진전한다는 이론이

84

일본 관계인구 포털사이트, https://www.soumu.go.jp/kankeijinkou/

관계인구를 처음 제시한 다카하시 히로유키(高橋博之) 씨 사진

https://buly.kr/58PuK8m

지역축제, 관계인구 유입 플랫폼으로···

다. 일본의 각 지자체와 지역 관련 단체에서는 관계인구 유입을 위한 다양한 프로모션을 전개하기도 한다.

지역자원이라 하면 그 지역을 대표하는 자원을 지칭한다. 국내에서는 지역자원보다는 관광자원이라는 개념으로 쓰이고 있지만 지역자원이 그 범위가 훨씬 넓고 포괄적이다.

자연, 경관, 역사, 문화, 음식, 식품, 제작 기술, 공공재, 사람 등으로 구분할 수 있으며 일본에는 약 14,000여 개의 지역자원이 있으며 지역자원법이 존재한다.

지역축제는 통상적으로 관람객이 다수 있다.

적게는 수백 명에서 많게는 수십만 명으로, 해당 지역을 일부러 방문하는 충성고객이 될 가능성이 높은 계층이다.

또한 지역축제의 소재는 특산품, 자연, 역사 등 다양한 자원으로 그중에 특산품을 소재로 하는 축제라면 이를 활용한 특산품 프로모션도 가능하다.

특산품 팬을 구축한다거나 예비 충성고객을 모을 수도 있다.

축제 커뮤니티가 있다고 하면 온라인을 통해 회원으로 유치할 수도 있다.

이를 두고 온라인 관계인구라고 한다.

지역의 반란

동두천의 명소 중 한 곳인 양키시장. 동두천 하면 가장 먼저 '미군기지'가 떠오르는데 양키시장은 미국 용품 매매시장으로 흔히 볼 수 없는 다양한 미제 물품을 취급하는 곳이다. 미군기지 이전으로 지금은 다소 쇠퇴하여 다소 썰렁한 분위기다. 지역활성화를 위해서는 상권활성화가 중요한데 외지인이 많이 찾을 수 있는 동기를 제공해야 지역상권의 활성화 나아가 지역상인, 지역주민의 삶이 윤택해진다.

예를 들어 어느 지역에 지역 토속주가 있다면 이 토속주를 좋아하는 사람들은 온라인 커뮤니티에 가입하고 나중에는 현장을 방문할 가능성이 높다.

관계인구는 줄어들 염려가 없다.

왜냐하면 정주인구를 베이스로 한다면 더 이상 줄어들 수가 없고 관계인구 유입은 늘어날 수밖에 없는 구조로 되어 있다.

친구, 친척, 스포츠 동호회, 동창회, 향우회 등을 기본으로 다양한 활동을 전개해 관계인구를 늘릴 수 있다. 결국 유입된 관계인구는 전부는 아닐지라도 일정 부분은 해당 지역을 애호하는 계층으로 끌어들일 수 있다.

지역 축제장은 철저히 판매장이 되어야 한다.

지역 산품을 적극적으로 팔고, 관계인구로 맺은 경우에는 향후엔 택배로도 보낼 수 있다. 외지의 매장 업주를 끌어들이지 말고 지역 상인들로 구성할 수 있다.

음식 판매든 지역산품 판매든 지금처럼 특정 업자를 대상으로 입찰을 하거나 권리를 판매하지 말고 지역민으로 구성해야 한다. 지역축제는 철저하게 지역 산품의 매장이 되어야 한다.

행정 주체인 공무원, 소상공인, 지역민 할 것 없이 전부 업자와 판매의 첨병이 되어야 한다.

여기에 관계인구를 더하면 지역 프로모션으로는 더할 나위 없는 좋은 장이 펼쳐질 것이다.

행정안전부에서는 정주인구뿐만 아니라 지역에 체류하면서 지역의 활력을 높이는 사람까지 지역의 인구로 보는 새로운 인구개념인 '생활인구'가 본격 추진된다. 출처: 행정안전부, '생활인구를 통해 지역활력을 높인다', 2023.05.17.

문화체육관광부에서는 매번 축제 평가를 통해 대표 축제를 지정한다.

지금의 평가 방식에 판매, 관계인구 등의 항목이 추가되어야 한다. 그래야 지자체에서도 이를 반영하기 때문이다.

지역축제와 관계인구, 이제는 떼려야 뗄 수 없는 불가분의 관계인 것이다.

지역축제, 관계인구 유입 플랫폼으로···

90

인천개항장 문화재야행은 인천의 중요 문화자산인 개항장 개항로 인근에서 개최되는 지역축제다. 주변에 인천의 대표적인 관광지인 차이나타운 송월동 벽화마을, 자유공원, 월미바다누리열차역 등이 있어 볼거리가 풍부하다. 이곳에서 개최된 문화재야행에 많은 관람객들이 찾아왔으며 3년 연속(2021~2023년) 문화재청 지역 문화재 활용 '우수사업'으로 선정되었다.

지역축제, 관계인구 유입 플랫폼으로···

지역활성화를 위해서는 반드시
지역자원에 대한 파악을 먼저 해야

대한민국은 절체절명의 위기에 놓여 있다.

출산율도 가임 여성당 0.65명으로 떨어져 인구소멸 현실이 눈앞으로 다가왔다. 이에 정부에서는 전국의 인구감소지역 89곳을 지정하여 향후 지원을 통한 지방소멸 위기 대응 정책을 펼치고 있다.

지자체들도 심각성을 인식하여 인구소멸을 막을 수 있는 지역활성화 정책을 펼치고 있다. 아예 갖가지 아이디어를 통해 이주를 유도하여 정주인구를 높이려는 노력도 하고 있다.

하지만 의료, 교육, 주거, 육아 등의 현실적인 문제에 부딪혀 정주인구가 늘고 있는 지자체는 손에 꼽을 정도로 성공에 이르지 못하고 있다.

일본은 2014년, 지방창생 정책을 수립했다.

도쿄로의 일극 집중을 막고, 지역 인재 확보를 통해 활기 있는 마을만들기를 펼쳤지만 역시 정주인구를 늘리는 데는 그리 긍정적이지는 않은 것 같다. 그만큼 정주인구를 늘리는 것은 상당히 어려운 현실이다.

대한민국은 도시재생 정책을 우선하고 있다. 하지만 재생의 경우에는 '재활용'이라는 개념이 앞선다고 볼 수 있다. 만약에 도시시설이 없는 지역은 어떤 전략을 통해 지역활성화를 이뤄야하는지 의문이 생긴다. 즉 도시재생은 도시를 우선하고 아무 시설도 없는 지역은 뾰족한 대안이 없다. 도시와 지역은 대척점이다. 지역을 활성화할 수 있는 획기적인 대안이 필요하다.

이에 재생보다는 창생, 지금까지 전혀 없는 새로운 방법을 적용해야 한다는 것이 창생이라는 단어가 부각되는 이유다.

지역활성화를 위한 다양한 노력을 하고 있다. 특히 관광에 초점이 맞춰져서 외지인을 끌어들일 수 있는 관광정책을 실시하고 있다. 지역을 방문하게끔 하는 관광시설이 우선시되고 있다.

그 결과 출렁다리, 모노레인, 집라인, 케이블카 등 하드웨어 중심으로 정책이 전개되고 있다. 결국 매력이 떨어지는 시설의 경우에는 골칫덩이로 전락하여 지자체에 손실을 끼치고 있다. 결국, 활성화를 위한 노력이 발목을 잡는 웃지 못할 상황이 빈번히 발생하고 있다.

지역활성화를 위해서는 반드시 지역자원에 대한 파악이 앞서야 한다. 자연, 역사, 문화, 특산물, 교통수단, 사람 등 다양한 지역자원이 있다. 지역민보다는 외지인의 입장에서 어떤 것이 매력물이 될 것인가를 착안해야 한다.

또한 지역자원을 발굴하고 개발하기 위한 방안에 대한 고민도 있어야 한다.

하드웨어가 아닌 소프트웨어의 일환으로 지역 이벤트가 대안으로 떠오르고 있다.

흔히 지역축제라고 불리는 것은 축제라기보다는 지역 이벤트라고 할 수 있다. 지역 이벤트의 목적은 명확하다.

또한 지역을 알리고 지역의 경제를 활성화시키는 데 있어서도 위험성을 다소 낮춰서 운영할 수 있다는 장점을 지닌다. 아무런 자원도 없는 지역은 그대로 앉아서 망해가야 할 것은 아니다. 바로 지역 이벤트를 통해 지역을 알릴 수 있고 지역의 가치를 높일 수 있다.

지역축제는 첫째도, 둘째도, 셋째도 지역활성화에 목표를 둬야 한다. 단순한 관광만은 아니다. 관광은 지역발전, 지역활성화를 위한 수단이지 목적이 될 수 없다. 지역활성화를 윗단의 최고 목표로 설정해야 한다.

정주인구를 높이는 것이 실질적으로는 매우 어려운 과제다. 일본의 지방창생도 정주인구를 늘리는 데는 그리 긍정적인 결과를 만들지 못했다. 우리나라도 도시재생을 통해 다양한 정책을 실시했지만 역시 성공적이지는 않았다.

이에 대한 대안으로 제시한 것이 바로 관계인구다.

관계를 통해 지역과의 연관성을 늘리고 소통을 통해 지역의 긍정적인 인식을 심어주고 궁극적으로는 지역에 공헌하는 정주를 선택하게 하는 것이다. 하지만 쉬운 것은 아니다.

지역활성화는 선택의 여지가 없다.

무조건 해야 하는 절체절명의 과제다. 이를 위해 다양한 노력을 볼 수 있다. 관계인구, 워케이션, 관광, 고향사랑 기부제, 케이블카 등 이루 셀 수 없이 많은 수단이 있다.

어떤 것이 성공을 위한 지름길이라고 말할 수는 없지만 끊임없이 시도해야만 한다. 지역활성화를 이루는 것이 지자체의 성공 기준이라고 볼 수 있다.

2부

지역의 반란 사례_한국

01

전북 군산시 | 우체통거리

'우체통거리'는 군산시 개복동, 신창동 일대로 일제강점기 시절부터 1980년대까지 군산의 중심지이자 문화와 예술의 거리였다.

하지만 이 거리는 시청 이전과 신도심 개발에 따라 구도심으로 전락했다. 젊은이들이 하나둘 떠나면서 지역 상권은 일종의 셔터상가(상가에 셔터가 내려져 있다고 해서 쇠퇴화된 상가를 일컫는 말. 일본에서 부르기 시작)가 되었다 그 후 거리는 더욱 위축되었다.

지역의 반란

인근의 상인회를 중심으로 노력한 끝에 주민선도지역으로 지정되었지만 쇠퇴한 지역 상권을 되살리기 위한 방법을 모색하기에는 역부족이었다.

그러던 중 지역 커뮤니티(지역공동체)를 중심으로 지역 살리기에 나서면서 110년간 한자리를 지켜온 군산우체국의 우체통을 발견하게 되었다.

지역 커뮤니티는 우체통을 지역자원으로 착안, 지역 살리기의 '씨앗'으로 활용하기로 했다.

하지만 우체통을 관리하는 우정사업본부의 규정에는 노후하거나 사용하지 않는 우체통은 폐기해야 하는 내용이 있어 선뜻 구하기에도 어려움이 있었다.

특히 공무원은 규정에 따라 움직이기에 우체통 구하기가 더더욱 힘들었는데 각고의 노력 끝에 우체통을 수집하는 데 성공한다.

우체통을 있는 그대로 활용하기에는 무의미하기에 뭔가 특색있는 우체통을 만들기 위해 아트(Art)를 접목시켰으나 지자체로부터 지원받은 예산으로는 턱없이 부족했고 결국, 지역작가들의 재능기부를 통해 거리의 명물로 변신하게 된다.

우체통을 비롯해 지역 커뮤니티, 열정적인 리더, 특색을 활용한 이벤트 전개, 커뮤니티를 이룬 주민의 역량 강화 등이 새롭게 지역자원을 만드는 동력이 되었다.

전북 군산시 | 우체통거리

지금도 굳건히 지키고 있는 군산우체국 앞 우체통. 이 우체통이 인근 거리를 특색있는 거리로 만들어준 중요한 자원이 되었다.

결국 우체통은 죽어가는(?) 지역을 되살리는 보물 우체통, 지역 브랜드를 높이는 훌륭한 지역자원이 되었다. 특히 주민 커뮤니티를 이끈 열정적인 리더는 중요한 역할을 담당했고 주민 공동체를 더욱 돈독하고 굳건하게 만드는 힘이 되었다.

지역활성화의 3요소인 '열정 있는 사람', '외지인', '젊은 층' 중에서 '열정 있는 사람'에 해당하는 모범적인 사례이다.

100

'우체통거리'라는 개성을 구축하기 전의 인근 거리 풍경. 일반적인 지역의
거리 모습이다.

지역자원을 활용한 '편지쓰기' 이벤트에서는 저 멀리
베트남에서 온 젊은 여성이 모친에 대한 그리움을 쓴
편지가 대상을 받았고 이 소식은 국내는 물론 베트남
에까지 알려져 울림을 주었다.

특히 돌아가신 어머니에 대한 그리움은 국적을 떠나
많은 이들에게 감동을 전해주었다.

지역 커뮤니티, 지역자원 착안, 열정적인 리더, 시기
적절한 이벤트 프로그램 등이 절묘한 조화를 이뤄 오

101

늘날 군산 우체통거리가 전국에 알려지게 되었다.

▶ 110년 역사 지닌 우체국과 우체통

무너지는 상권에 속수무책, 뭔가의 대안이 필요한 상황에서 발견한 것이 바로 군산우체국, 그리고 그 앞에 서있는 우체통을 보고 '바로 이거다'라고 생각했다.

특히 군산우체국은 110년의 긴 역사를 지니고 그 자리에 붙박이로 있었기에 상징적인 존재였다.

▶ 과연 우체통이 지역자원의 '씨앗'이 될 수 있을까?

2014년 주민선도지역으로 선정되었지만 개발은 언감생심. 동네를 우리 스스로 개발해보자는 뜻을 모아 47명의 회원들이 자발적으로 '도란도란 공동체'를 설립했다. 그리고 이들이 바로 우체통거리를 만든 주역이 된다.

▶ 서울 강남·인천·천안 등 우체통 찾아 삼만리

우체국을 찾아가서 우체통 지원을 요청해보았다.

그러나 바로 거절당했다. 이유는 폐기 처분을 해야 하는 규정 때문이었다. 서울의 우정사업본부까지 찾아가서 사정사정한 끝에 얻은 답은 '직접 수거'였다.

이에 전국 각지를 돌아다니면서 수거에 나서기 시작

우체통을 통해 거리의 모습을 바꾸려고 지역 상인이 커뮤니티를 구성했고, 2017년 지자체의 지원을 받기 위한 활동을 펼치기 위해 경관협정 운영회 임원을 선출한다.

했다. 상인회의 꽃집 아저씨는 꽃 배달 대신 우체통 수거를 위해 봉사하러 다녔다.

폐우체통 40개를 얻으려고 서울 강남, 인천, 천안, 벌교, 순창, 남원 등 전국을 찾아 다녔다.

▶ 지역 작가 재능기부 통해 우체통 '변신'

지역 작가들에게 우체통의 변신을 꾀하기 위해 그림을 그려달라고 부탁했더니 개당 50만 원을 요구했다. 준비된 예산은 300만 원인데 전체 그림을 위해서는 2,000만 원이 필요했다.

난감할 즈음에 감동의 반전이 있었다.

지금의 우체통거리를 한눈에 볼 수 있는 지도다.
구역별로 스토리 있는 풍요로운 거리를 구성하고 있다.

소중한 우체통. 청결이 우선이다.
무엇보다 지역을 살린 고귀한 지역자원이다.

지역 작가들이 무료로 재능기부를 해주기로 한 것이다. 지역살리기에 힘을 보탠 아름다운 마음 덕분에 별 특징이 없던 우체통이 멋진 예술 우체통으로 변신한 것이다.

9,000만 원의 예산을 지원받았다.

우선 밝은 분위기를 연출하기 위해 태양광 가로등 46개를 설치하고 볼라드를 설치하여 거리 분위기를 전면적으로 바꿨다.

이후 우체통거리로 진입하는 도로에 신호등도 설치하고 관광객을 위한 벤치도 만들었다.

기존 도로명이 '거석길', '중정길'이었던 곳이 '우체통거리 1길'과 '우체통거리 2길'로 변경되었다.

이로써 우체통거리의 본격적인 활성화에 시동을 걸기 시작했다.

▶ 활성화에 박차를 가한다. 제1회 손편지 축제~

2018년, 외부 지원금이 아닌 주민들이 자발적으로 모금한 500만 원을 종잣돈으로 '추억을 만들자'는 취지로 제1회 손편지축제(2018.6.22.~23.)를 개최했다.

축제 프로그램 중 하나인 '외국인 손편지 쓰기 대회'에서 베트남 여학생이 하늘에 계신 어머니에게 쓴 편지가 대상을 받았고 실제로 그 편지가 베트남 가족에

105

지역의 반란

거리 혁신의 구세주가 나타났다. 바로 경관협정*이다. 이로써 기존 우체통이 지역 작가들의 무료 재능기부를 통해 색깔의 변신을 이루게 되었다.

＊경관협정은 토지소유자, 건축물소유자, 지상권자 등(이하 토지소유자 등)이 「경관법」과 「국토의 계획 및 이용에 관한 법률」 제2조제6호의 기반시설 입지를 제한하지 않는 등 관계 법령에 따라 쾌적한 환경과 아름다운 경관 형성을 위해 전원 합의를 통해 체결할 수 있는 제도

107

전북 군산시 | 우체통거리

손편지 축제에 참가한 응모자 중 수상자들이 모였다. 국내뿐만 아니라 외국에도 소개되어 화제를 불러일으켰다. 특히 나이가 젊을수록 편지를 쓰는 것에 익숙하지 않음에도 젊은 층의 호응 속에 치러지게 되었다.

'외국인 손편지 쓰기 대회'에서 대상을 받은 베트남 여학생. 베트남 언론에서도 소개되어 화제가 되었다.

지역의 반란

드디어 배학서 회장(사진 왼쪽)이 지자체와 경관협정에 대한 체결을 맺게 된다.

비교적 한산한 시간에 가더라도 개성 있는 모습을 느낄 수 있다.

볼라드*도 우체통을 모티브로 한 디자인
을 적용했다. 거리와의 조화를 염두에 두
고 제작하여 일관된 컨셉을 유지했다.

＊볼라드란 보행자의 안전을 위해 차량
이 보행 구역 안으로 진입하는 것을 차단
하는 교통 시설물

우체통의 변신은 어디까지?
지역 작가들의 재능기부를 통해 우체통이 멋지게 변신했다.

110

지역의 반란

게 보내겼다. '하늘에 계신 어머니에게 쓴 편지, 보고 싶어도 볼 수 없고, 만나고 싶어도 만날 수 없는데 돌아가신 지 1년이 되어서야 쓸 수 있어서 기쁘다'는 가슴 뭉클한 편지 내용은 베트남 언론에 대서특필되면서 큰 반향을 불러 일으켰다.

▶ 대박이 난 손편지 축제

'손편지 쓰기' 축제는 40일간 무려 1,600명이 참가했다. 초등학교 2, 3학년의 경우는 규격봉투를 구분할 수 있는 학생 비율이 3%가 되지 않을 정도로 '편지'랑은 거리가 멀었다. 게다가 편지를 어떻게 전달하는지조차 몰라 우체국 견학을 시켰다.

그야말로 대박 중 대박.

이 행사를 계기로 우체통거리가 희망을 품는 거리로 커다란 변곡점을 맞는다. 이후 2018년, 2019년 대략 4,000여 명이 방문하였고 개별 관광객까지 더하면 훨씬 많은 관광객이 우체통거리를 찾아왔다.

▶ 편지를 쓰러 오는 MZ

놀란 것은 MZ 세대들이 편지를 쓰기 위해 온다는 것이다. 친구랑 싸워서 속상하다며 싸운 친구에게 편지를 쓴다. 엄마에게 혼나서 슬프다며 편지를 보내는 초

111

지역의 반란

건물 하얀 벽면에 손편지 만나는 곳이라 쓰여 있다. 우체통거리 홍보관의 모습이 보이며 인근 꽃집의 우체통도 개성 있게 설치되어 있다.

전북 군산시 | 우체통거리

등학생도 있다. 단순히 예쁜 우체통, 그림이 있는 우체통이 아니라 그 우체통이 사람과 사람을 이어주는 가교 역할을 톡톡히 하고 있다.

추억과 사랑, 그리고 정, 섭섭함, 슬픔, 기쁨, 보고 싶은 마음, 그리움, 용서, 미움 등 우리 가슴속에 있는 소중한 얘기를 담아내는, 그리고 그것을 전달하는 소중한 우체통의 거리가 만들어진다.

▶ 성공한 지역살리기 뒤에는 열정 리더가 있다.

지역활성화에서 가장 중요한 것은 지역 리더의 역할이다. 쉬운 역할은 아니다.

오직 지역만을 위해야 하고 무엇보다 투명해야 한다. 우체통거리가 성공하기까지에는 봉사와 투명한 재정, 공평한 정책, 화합 등을 내세운 뛰어난 리더인 경관협정 운영회를 맡은 배학서 회장이 있었다.

▶ 민원이 없는 거리, 우체통거리

상권이든 어디든 좀 나아진다 싶으면 이런저런 민원이 많이 생긴단다.

통로에 짐을 내놓거나 조금이라도 규정을 어기는 경우 민원을 제기한다. 놀랍게도 우체통거리는 민원이 '0'이다. 회원 43명 전원이 100%로 의사결정을 한다

배학서 회장이 회원들과 같이 우체통거리를 청소하고 있다.

면 믿을 수 있을까?

어쨌든 민원 없이 공동목표를 위해 나아가는 곳이 바로 우체통거리다.

▶ 코로나 기간에도 공실률 '뚝'

최초 사업을 시작할 즈음에는 공실률이 70% 정도였는데 지금은 10~20% 정도이다.

코로나로 어려움을 겪을 때도 우체통거리의 상인 80% 정도는 지원금을 받지 못했다고 한다.

이에 대해 배학서 회장은 조심스럽게 지원금을 받지 못한 이유를 설명했다. 코로나로 인해 매출이 현격하게 줄었든지 혹은 영업에 큰 지장이 있어 매장을 운영하기에 현실적인 어려움이 있다든지 해야 하는데 코

115

로나에도 불구하고 매출 손실이나 영업에 큰 지장이 없었던 관계로 일부는 코로나 지원금을 받지 못했다고 한다. 드러내놓고 말하지 못하는 사정을 조심스럽게 얘기한다.

▶ 끊임없이 노력하는 우체통거리

NFC(근거리무선통신)를 설치해 무료로 꽃다발을 받고, 식사도 무료로 할 수 있다. 댓글을 위한 프로모션도 열심히 하고 있다.

젊은이들을 유입시키기 위한 다양한 프로모션을 전개하고 있다. 편지와 우체통을 매개로 하는 다양한 기법을 연구하고 실행하며 삶의 스토리와 묵직한 성과물을 가져갈 수 있는 거리로 만들기 위해 고민과 방안을 늘 강구하고 있다.

또한 지속적인 매력과 발신기지로 활용하기 위해 홍보관도 개설했다. 단순히 눈요기나 볼거리뿐만 아니라 지속적인 관계 구축을 위한 전초기지로 활용하고 있다.

02

충남 서천군 판교마을 | 시간이 멈춘 마을

시간이 그대로 멈췄다.

중장년 연령층 사람들이 이곳을 본다면 마치 타임머신을 타고 과거로 돌아간 것 같다고 착각할 정도로 과거 어릴 적의 모습이 거의 그대로 보존되어 있는 곳이다. 이곳은 충남 서천군 판교마을이다. 판교면은 본래 비인군 동면이었다. 1914년 행정구역 개편으로 서천군 동면, 1942년 판교면으로 개칭했다.

1942년 당시, '해 뜨는 마을'이라는 뜻의 '동면'을 일

117

판교의 주민들에게 문화적 향유 기회를 제공해준 옛 판교극장.
구형 영사기 돌아가는 소리가 들리는 듯하다.

본인들이 판교면으로 부르기 시작했다.

판교면의 한 마을인 현암리는 한때 서천군에서 가장 큰 장이었다고 알려진 판교 오일장을 비롯해 우시장, 모시전이 열렸다. 장이 열리는 날이면 발 디딜 틈 없을 정도로 북적였다.

특히 판교 우시장은 1980년대 중반까지 충청남도 3대 우시장으로 불릴 정도로 번성했다.

2021년 충남도 문화재위원회와 문화재청의 현지 조

118

지역의 반란

장미사진관. 과거 일제강점기의 적산가옥으로 아직도 존배를 유지하는 것만으로도 신기할 뿐이다. 마을의 핫스팟이다.

사, 문화재위 검토 후 국가 등록문화재로 등록 예고된 판교면 현암리 일원(2만 2천768㎡)이 30일간의 예고 기간과 문화재위원회 심의를 거쳐 최종 등록되었다.

또한 서천군은 2023년 12월 27일 문화재청으로부터 '서천 판교 근대역사문화공간 종합정비계획' 승인을 받으며 300억 원 규모의 사업 추진을 확정지었다.(<시대일보> 2024년 1월 1일, 서천 판교 근대역사문화공간 종합정비계획 '밑그림' 확정!, www.sidaeilbo.co.kr/1084928)

지난 2021년 국가등록문화재 제819호로 지정된 판교 근대역사문화공간은 판교면 현암리 일원 93필지 2만 2,768㎡ 규모로 개별 근대건축물 7개소를 포함하고 있다. 종합정비계획에는 ▲등록문화재 및 단위건물유산 정비 ▲자연경관 및 오픈스페이스 정비 ▲가로경관 및 공간 환경 개선 ▲문화재 활용 지역 활성화 계획 등이 담겨있다. 또한 이와 함께 판교 근대역사문화공간의 확장 필요성 및 보존관리를 위한 지구단위 계획 수립 방안도 함께 검토되었다.

서천 판교 근대역사문화공간은 1930년 장항선 판교역 (板橋驛)이 들어서며 쌀과 모시, 한우 등을 실어나르는 지역 물류의 거점으로 활성화되었으나, 2008년 판교 역 이전과 산업화 과정을 거치며 쇠퇴의 길을 걸었다. 덕분에 마치 시간이 멈춘 것처럼 우리나라 근대와 현대의 농촌지역 흐름을 잘 보존해 왔다.

서천군은 이러한 지역적 특성을 잘 살리고 종합정비 계획 수립 과정에서 제시된 문화재청의 의견을 반영하여, 현재 직면해 있는 지방소멸 위기를 극복하는 원동력으로 발전시킬 계획이다.

서천군은 주거문화 공간에 있어 과거 모습을 보존하고 있는 레트로한 특성을 지역자원으로 내세우고 있다. 옛것, 촌스러움, 노후 건물 등 발전되지 못한 모습이 오히려 매력물이 되고 있는 것이다.

지역의 반란

▶ 시간이 멈추고, 추억은 맴돌고

충청남도 서천군 판교면 현암리 판교마을. 이곳에 가면 마치 시간이 그대로 멈춘 느낌이며 타임머신을 타고 과거로 돌아간 듯하다. 어릴 적 엄마 손 잡고 갔던 할머니 시골집 모습이 그대로 남아 있는 곳이다.

미용실, 닭집, 주조장, 진짜 옛 시장터, 장미사진관 등이 있다. 장미사진관은 일제강점기의 적산가옥인데 지금은 외지인들이 사진을 찍는 핫스팟이다. 사진 찍다가 손이라도 닿으면 쓰러질 것 같은 느낌이다.

▶ 과거에는 지역에서 알아주던 번화가

충남 서천군 판교면 현암리 판교마을은 과거 판교면에서도 가장 사람이 많았던 마을이다.

1930년대 장항선 판교역이 개통하면서 전국적으로 유명한 판교 우시장과 모시시장 등 한때는 번화했던 곳으로 현재 그때의 번창함은 잃었지만 모습은 그대로 보존된 곳이다.

'판교'라는 이름은 1914년 행정구역 개혁 당시 이곳의 고지명이 '너더리' 즉 '널판지 다리'라는 이름에서 유래가 되었다. 충남의 3대 우시장으로 유명했고 판교역이 개업하면서 철도교통의 요지로 발하기 시작하여 1970년대 제재·목공, 정미·양곡·양조 산업과 장터가

121

정확한 연도는 알 수 없지만 과거 판교마을 전경이다. 완전한 시골의 모습을 보여
주고 있다. (사진 제공: 서천군청)

지역의 반란

1963년의 판교 우시장. 충청도 인근뿐만 아니라 전국에서도 내로라하는 우시장이었다. 그만큼 번창했던 지역이었다. (사진 제공: 서천군청)

과거에는 양조장이 동네마다 있었는데 동일주조장도 지역의 유명한 술도가였다.

지역의 반란

판교 현암 갤러리(촌닭집)에서는 판교마을의 근현대 역사 아카이브 기록전을 개최하기도 했다.

구택을 개조해 갤러리로 만들어 지역민은 물론 관람객들에게 다양한 모습을 전하고 있다.

지역의 반란

과거 판교역을 모형으로 만들었다. 과거의 역사(驛舍)를 보존했다면 지역 명소가 되지 않았을까 하는 아쉬움이 있다. 현재는 한우 등을 판매하는 지역 음식점으로 사용하고 있는데 그다지 활성화되지 않고 있어 많은 지역민들이 아쉬워한다는 후문이다.

충남 서천군 판교마을 | 시간이 멈춘 마을

판교 시간이 멈춘 마을의 안내도가 과거 판교역 인근에 세워져 있다. 특색이 없는 것이 살짝 아쉬운 부분이고 이런 안내판 등도 지역 특색이 녹여 있는 디자인이 필요하다.

공주미용실

진흥농기계

양은 그릇 파는 가게

쌀집

장터.
할머니가 좌판
에서 생선을
손질하고 있다.

왠지 들어가고 싶어지는
식당과 가게

지역의 반란

백숙과 통닭을 팔던 가게

133

발전하며 한국 산업화 시기의 번성기를 누렸다.

그러다가 1980년대 이후 도시 중심의 국토개발에서 소외되고 2008년 판교역이 이전하면서 본격적인 쇠퇴의 과정을 거치게 된다.

아~ 옛날이여!

▶ 지역자원 활용한 관광객 유입

서천군은 이 지역을 명소화하기 위한 다양한 노력을 하고 있다. 근대역사문화공간으로 승인을 받아 300억 원의 정부 지원을 받는다. '시간이 멈춘 마을'이라는 브랜드, '스탬프투어'라는 행사를 통해 관광객 유입 등 프로모션 활동을 전개하고 있다.

새롭고 최신식의 시설보다는 판교면의 스토리가 살아 있는 지역 자원화를 기대한다.

▶ 추억 소환하는 판교극장, 양조장, 동일주조장

오래전 문을 닫은 판교극장에는 그 시절 방영된 포스터를 그려두어 해당 시절을 보낸 관광객들과 주민들에게는 옛 추억의 향수를, 이후 세대에게는 근현대의 모습과 역사의 재미를 전달한다.

특별히 눈에 띄는 장미사진관은 일제강점기에 일본인들이 살았던 가옥으로 "천황폐하 만세, 쌀을 주세요"

134

라고 외치거나 일본어를 할 줄 알아야 쌀을 얻을 수 있었던 과거의 아픈 모습을 다시금 보여주고 있다.

판교면의 또 다른 재미는 먹거리에 있다.

봄부터 가을까지만 운영하는 콩국수 맛집 진미식당과 한여름 주말이면 취향 따라 줄을 서서 기다려야 하는 삼성냉면과 수정냉면, 수타 짜장면이 유명한 동춘당, 한우 소머리국밥의 깔끔하고 깊은 맛을 보여주는 중앙분식, 옛 판교역을 먹거리 특화 건물로 만든 판교특화음식촌 등 하루에 다 맛볼 수도 없을 정도로 많은 맛집이 모여 있다.

장미갤러리(동일주조장 맞은 편)에는 '사람'을 테마로 지역의 쇠퇴에도 마을을 떠나지 않고 묵묵히 판교마을을 지켜온 지역 주민과 상인, 농민, 학생, 종교인 등 대표 판교인 33명의 사진전 등을 개최한 적이 있다.

▶ 판교역의 아픈(?) 역사

판교역(板橋驛)은 장항선의 철도역이다.

장항선 직선화 사업 개통과 함께 2008년 11월 28일에 판교면 저산리 308-25번지로 이전했다. 모든 무궁화호가 정차한다.(위키백과)

과거의 자원은 그대로 두고 보존하는 경우 하나의 지역자원이자 관광자원이 된다. 전주 한옥마을, 군산 적

135

산가옥 등이 대표적인 사례이다.

서울 종로에는 피맛골이 재개발되었는데 이를 아쉬워하는 사람이 많다. 피맛골이 그대로 존치했다면 지금 중요한 지역자원이 되어 서촌·북촌 등과 이어지는 하나의 커다란 관광벨트로 작용했을 것이다.

판교역의 경우도 그대로 존치했다면 시간이 멈춘 마을의 명소가 되었을 것인데 아쉽다고 인근 주민들은 얘기한다. 보존과 개발 등 이해 관계자의 이견에 따라 결국 이곳에는 지역 음식점이 들어섰다.

참 아쉬운 대목이다.

03

충남 태안군 | 기지포해수욕장

면적 16만㎡, 해수욕장 길이 0.8km, 폭 200m, 안전거리 약 200m.

안개 낀 날 태안군 안면읍 창기리 국사봉에서 해수욕장 안쪽으로 형성된 마을을 내려다보면 그 형태가 베틀처럼 생긴 연못 같다고 하여 '틀 못'이라 하였다.

그리고 마을 앞바다를 '기지포'라고 불렀다. 경사가 완만한 모래사장이 넓게 펼쳐져 있으며 바닷물의 수질도 매우 뛰어나다.

해안사구가 소실되었을 때 모래 채집을 위해 설치한 모래포집기. 지금은 포집기 덕분에 사구가 제모습을 찾아서 많은 관광객이 휴식과 레저를 동시에 즐기고 있다.

목재 데크로 만들어진 해안사구 자연관찰로가 바다를 향해 설치되어 있어 산책을 하면서 사구에서 자라는 식물을 관찰할 수 있다. 내파수도, 나치도, 토끼섬 등의 경관이 아름다워 가족이나 단체 휴양지로 적합하고 가까이에 삼봉해수욕장, 안면해수욕장, 방포항, 꼬치 해안공원 등의 명소가 있다.

이곳이 바로 기지포다. 그런데 이랬던 해안사구가 거의 사라질 뻔한 위기에 놓였다. 해안사구가 해안침식으로 인해 소실된 것이다.

138

지역의 반란

2000년 해안사구 보전상태에 대한 현황조사가 이뤄진다. 태안해안국립공원 공단은 이듬해부터 장기간에 걸친 해안사구 추진 작업에 들어가갔다.

2001년부터 2002년에 걸쳐 1차 모래포집기 1,050m를 설치하고 2013년부터 2016년에 걸쳐 2차 모래포집기 1,030m를 설치했다.

모래포집기 1차, 2차 설치 위치(3차는 예정)
사구가 소실되었을 때 복원을 위해 모래포집기
를 설치한 안내도(사진 제공: 국립공원공단)

→ 2001년~2021년 약 18,000㎡ 모래 퇴적(25톤 트럭 1,058
대 분량), 전사구 면적 20,000㎡ 확대(축구장 2.4배)

→ 통보리사초 갯방풍, 순비기나무, 갯완두 등 사구식
물 자연 유입 및 멸종위기 표범장지뱀 서식지 확대

→ 모래포집기 설치, 외래식물 제거 등에 약 1,000명의
자원봉사자 참여로 해안사구 중요성 인식 확대

→ 복원된 사구지형, 식생 등 사구생물 서식지를 보전
하기 위해 '기지포 해안사구 특별보호구역' 지정
(2015.12.)

139

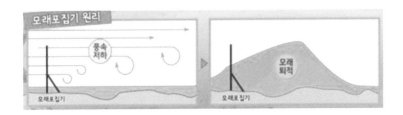

모래포집기는 대나무를 엮어 만든 약 1.2m 높이의 울타리로 해안가에 갈지
자 형태로 설치해 두면 바람에 날려온 모래가 걸려 그 자리에 쌓이게 된다.
바람막이 역할을 하는 모래포집기로 인해 바람이 약해지면서 바람과 같이
날려오던 모래가 쌓이게 되는 것이다.

20년간에 걸친 복원 끝에 과거의 해안선과 해수욕장,
풍부한 모래자원, 해안사구 복원에 성공했다.

자연자원을 활용한 관광자원화에 성공한 사례라고 볼
수 있다.

특히 20여 년이라는 장기적인 투자를 통해 자연자원
을 복구한 것은 관광객을 유입시킬 수 있는 매력도 향
상에 큰 도움이 되었다.

태안의 사구 복원사업은 자연자원을 활용한 지역마케
팅의 모범적인 사례로 기록된다. 특히 국립공원관리
소의 연구와 노력은 우리나라의 국토 복원 측면에서
도 매우 유의미한 사업이라 할 수 있다.

140

기지포해수욕장에 들어서면 저 넘어 서해 바다를 배경으로 태안해안국립공원의 안내 표석이 보인다. 사진에서 표현하지 못하는 광활한 서해 바다가 매력적이다.

▶ 축구장 9개 면적이 살아나다

사라졌던 모래사장이 되돌아왔다.

서해안은 해안 특성상 가족 단위, 특히 유아나 어린이들이 안전하게 놀 수 있는 천혜의 조건을 갖추고 있다. 이런 곳에 축구장 9개 면적의 공간이 생겼으니 놀이터로 생각하면 꽤 큰 면적이 살아 돌아온 것이다.(가족 나들이로는 최적의 조건이다. 안전과 즐거움이 담보되는 곳)

▶ 대나무 울타리로 기적의 변신을 이룬 곳

2000년 복원 전

2001년(모래포집기 1차 설치)

2007년 퇴적 중

2013년(1차 모래포집기 퇴적 완료)

2015년(모래포집기 2차 설치)

2019년 퇴적 중

2020년(2차 모래포집기 퇴적 완료)

지역의 반란

기적의 주인공, 자원봉사자들

기지포 모래포집기 자원봉사

기지포 모래포집기 자원봉사

기지포 모래포집기 자원봉사

기지포 모래포집기 자원봉사

기지포 모래포집기 자원봉사

사구식물 식재

외래식물 제거

외래식물 제거

충남 태안군 | 기지포해수욕장

모래포집기는 대나무를 엮어 만든 약 1.2m 높이의 울타리로 해안가에 갈지자 형태로 설치해 두면 바람에 날려온 모래가 걸려 그 자리에 쌓이게 된다.

바람막이 역할을 하는 모래포집기로 인해 바람이 약해지면서 바람과 같이 날려오던 모래가 쌓이게 되는 것이다.

2000년에는 모래사장이 퇴적되어 코앞으로 바다가 다가왔다. '모래포집기로 과연 될까?'라는 불안이 있었는데 결국 대나무 포집기가 저 많은 모래를 모아 과거 해수욕장의 명성을 되찾았다.

2025년에 모래포집기의 3차 활약을 기대하고 있다.

▶ 표범장지뱀, 해당화, 갯메꽃이 돌아왔다

기지포해수욕장 인근은 자연의 보고로 표범장지뱀, 해당화, 갯메꽃 군락지이다.

해당화는 많이 들어봤는데 갯메꽃 이름은 낯설다. 바닷가 모래밭에서 자라는 메꽃과의 여러해살이풀인 갯메꽃의 꽃말은 수줍음이다.

144

04

광주광역시 광산구 | 극락강역

광주광역시 광산구에 위치한 극락강역은 대한민국에서 가장 작은 꼬마역이다.

2019년 한국철도에서 최우수 테마역으로 선정한 극락강역은 2013년 철도 문화재로 지정되었으며 매년 새로운 테마 행사로 많은 철도 여행객들에게 사랑받고 있는 곳이다.

극락강역은 1922년 광주선 역원 무배치 간이역으로 영업을 시작, 배치 간이역을 거쳐 보통역으로 승격했다.

현재의 역사는 한국전쟁으로 소실되었던 역사를 1959년 새롭게 신축 준공한 것으로 소박한 맞배지붕의 형태를 띠고 있으며 역 구내에는 시멘트 사일로가 있어 양회화물을 취급하기도 한다. (나무위키-국가철도공단 공식 소개 문구)

한때는 대한민국에서 유일하게 KTX 열차끼리 비껴가는 명장면을 볼 수 있어 철도 마니아들 사이에서 유명세를 치르기도 했다.

극락강역에 가장 많이 정차하는 열차는 광주송정역에서 광주역을 잇는 셔틀열차다.

셔틀열차 외에도 서울 용산과 목포에서 광주역을 오가는 무궁화호가 정차한다. 무궁화호의 모든 열차가 정차하는 것이 아닌 일부 열차만 정차한다.

극락강역의 미래는 다소 어두운 편이다.

현재 도시철도 음영지역인 광주광역시 광산구 신가동 일대에서는 유일한 철도역으로 자리하고 있지만, 버스 등의 교통편과의 연계 부족 및 신가동 중심가에서는 이용하기 오히려 불편하다는 점이 있다.

특히 광주광역시 특성상 도시철도마저 주요 지역을 제대로 훑어주지 못하고 있어 시민들 대부분이 광주선 및 도시철도보다는 시내버스를 이용하는 경향이 더 큰 것도 극락강역이 제대로 수요를 내지 못하는 데

지역의 반란

한몫하고 있다.(철도경제신문, 2022.03.18., [스테이션] 광주의 아담한 간이역 '극락강역')

이에 기차역사로서 수익적인 측면에서 보면 미래가 어둡다는 평을 듣는다.

즉 광주광역시의 교통 체계상 그만큼 이용률의 저하를 예상하는 곳이다.

그럼에도 불구하고 지역 명소로 자리 잡은 것은 틀림없다. 과연 원동력은 무엇일까?

바로 이 역을 맡고 있는 나광선 역장의 역할이 컸다고 해도 과언이 아니다.

나광선 역장은 기차역, 꼬마역, 기차 역사를 활용한 체험 마케팅을 통해 지역 명소를 만들었다.

실제로 이곳에 가보면 사진을 찍고 싶은 충동이 미구 일어난다. 아기자기한 모습의 기차역 내부에는 예쁜 소품이 놓여 있고 기차역 외부에서 보이는 무궁화호 열차의 정차 모습이나 시멘트 사일로, 그리고 주변 풍경이 묘하게 어우러지는 모습에 감탄이 절로 난다.

또한 스토리가 있고 참여하고 싶은 각종 이벤트 프로그램 등도 극락강역을 알리는 데 큰 도움이 되었다.

이런 다양한 활동과 전략 수립에 바로 극락강역 역장의 개인적인 열정이 큰 도움이 되었다.

147

역으로 향하는 중간에 동네가 보이고 동네를 돌아서서 들어가면
극락강역의 모습이 나타난다. 작은 기차역이구나 하는 생각이 든다.

유라시아 고속열차 승차권 Trans-Eurasis Railroad Ticket

극락강 → 런던
Geungnakgang　　London

2018년 9월 29일 19:00　　4호차 7C석
(1958열차)

운임요금 3,000,000　　할인금액 0　　영수금액 3,000,000

경유(via) 평양→모스크바→베를린→파리→런던
2018-0927 극락강역 꼬마역장　　11575-0927-1000-177

유라시아 고속열차 승차권 Trans-Eurasis Railroad Ticket

통일한국 시대!!! 유라시아 철도 출발 극락강역에서!!!

로제힐 극락강역 밴드 "테마가 있는 고향역"으로 오세요

나광선 역장이 기획한 유라시아 고속철도 체험. 극락강역에서 런던까지 가는 직통열차 승차권을 만들어서 추억을 제공했다.

기차 시간이 여유가 있다면 미리 가서 꽃밭도 보고 야외 의자에 앉아서 도란 도란 이야기를 나누는 것은 어떨까? 운치 있는 매표소에서 표를 끊고 야외에서 유유자적하며 시간을 보내고 기차를 타면 된다.

150

지역의 반란

유라시아 직통열차, 꼬마역장, 극락파티 등 다양한 고객 참여형 이벤트를 통해 집객과 극락강역의 가치를 제공하고 있다.

광주광역시 광산구 | 극락강역

▶ 대한민국의 대표 꼬마역

대한민국에서 가장 작고 예쁜 꼬마역이며 철도문화재
로 지정된 여행 테마역이다. 이름에서 알 수 있듯이 상
당히 작은 규모다. 연령대가 좀 있는 사람이라면 '간
이역'이라고 들어봤을 것이다. 어쩌면 우리가 알고 있
는 그 간이역보다도 훨씬 작을 수 있다.

▶ 역은 작지만, 이야기는 풍성

꼬마역이기 때문에 꼬마역장이 있다. 구체적인 나이
는 모르지만 이들은 지역의 꼬마들이다. 일종의 꼬마

나광선 역장의 열정이 오늘의 극락강역을 만들었다.
한 사람의 열정과 노력이 한낱 지역에 있는 조그만 기차역을 전국에서도 뒤
지지 않는 멋진 역으로 변신시켰다.

지역의 반란

역의 홍보대사님들이라고 해도 된다. 특별한 행사가 있거나 이슈가 있으면 꼬마역장들이 등장하신다.

송정역에서 출발하는 3량짜리 기차에 타서 승객들을 맞이하기도 한다. 사실 기차는 한 덩치하는데 꼬마역장이 접객하거나 대응을 하는 모습은 보는 자체만으로도 하나의 구경거리가 된다. 결국 꼬마열차, 꼬마역장이라는 아이디어가 지역자원이 된 것이다.

▶ 극락강역에서 영국 런던까지 가는 기차가 있다?

극락강역에서 영국 런던까지 가는 유라시아 고속열차를 편성했다. 극락강역에서 승차해서 영국 런던까지? 사실은 광주 송정리역으로 가는 열차다. 그러면 꼬마역장이 극락강역, 송정리역 등지에서 검표를 하고 목적지로 향한다. 실제로 런던을 가는 것은 아니지만 극락강역에 흥미있는 이야깃거리를 만든 것이다. 실제로 꼬마역장을 신청한 어린이와 승객은 즐거움과 추억이 새겨진 기차를 타는 경험을 한다.

▶ 열정의 역장이 역을 만든다

이 꼬마 역사 체험마케팅을 성공적으로 이끈 주인공은 2017년부터 극락강역장으로 근무한 나광선 역장이다. 테마역을 개발하기 위한 사업계획안을 듣고 그가 가장 먼저 시작한 일은 주변 환경 개선과 체험프로그

153

▲

무궁화호도 지나가고 출,
퇴근 열차도 지나가고, 저
멀리 철로와 어우러지는
역 건물이 조화롭게 어우
러져 있다.

◀

기차 시간이 여유가 있다
면 미리 가서 꽃밭도 보고
야외 의자에 앉아서 이야
기를 나누는 것은 어떨까?

154

지역의 반란

극락강역의 범주 안에 드는 곳은 어디든지 앙증맞고 예쁜 모습을 간직하고 있다. 사방팔방 다 예쁘다.

광주광역시 광산구 | 극락강역

램 마련, 주민자치 활동 등이었다.

한 땀 한 땀 정성으로 역을 가꾼 결과 경관 개선은 물론 재미와 추억을 담는 기차역이 만들어졌다. 이렇게 변모할 수 있었던 것은 나광선 역장의 열정과 신념 덕분이다.철도회사의 수익적 측면이나 향후 발전 가능성에 대해서는 그리 긍정적이지 않다. 요즘에야 공공기관에서 효율성을 중시하기 때문에 사업적 판단이 우선시되고 있다. 하지만 정량적 잣대로는 뒤진다고 하더라도 정성적 잣대로 보면 극락강역은 우리나라에서 반드시 필요한 기차역이라고 할 수 있다.

기차를 타고 어디로 떠나고 싶은 것이 아니라 주욱 뻗은 철도가 주위 풍광과 어우러지며 아련하게 전해주는 이미지를 도시인들은 원하는 것이다. 적어도 버스, 비행기, 선박 등 온갖 교통수단이 많은 현대를 살아가는 사람들에게는 그렇다.

옛 철도는 교통수단이기보다는 교통문화에 얽힌 추억으로서 더 상품 가치가 있다. 나그네의 마음에 여유를 선사하고 까맣게 잊어버렸던 추억을 소환해준다.

신규 철도는 따라 하려야 따라 할 수 없는 그 무언가를 가지고 있다. 그래서 오래된 기차역은 소중하고 가치가 있다.

156

05

전남 구례군 | 쌍산재

어떤 가족이 놀러 왔다. 아이들이 먼저 들어오고 뒤이어 아버지로 보이는 중장년가량의 남자가 들어오려다 잠시 멈칫했다.

기운이 없어 보이고 뭔가 낙담한 모습이 역력했다. 이 모습을 본 쌍산재 주인은 다소 걱정이 되어 "혹시 숙박이 맘에 들지 않으십니까?"라고 묻자 "밖에서 담배를 하나 피고 들어오겠다"는 말로 대답을 대신했다. 그 중년 남자는 한참이 지난 후에 들어오더니 자초지

이런 모습을 보는 것만으로도 마음이 치유되는 듯 싶다. 입장료를 내면 음료를 쌍산재 내부의 어떤 곳에서든지 마시면서 낭만을 즐길 수 있다.

종을 얘기하기 시작했다.

그 중년 남자는 전라도 어딘가에 70여 칸 정도가 되는 고택을 갖고 있었는데 직접 주거를 하지 않아 관리에 어려움이 있었다고 한다.

게다가 집이 비어 있다 보니 마당, 지붕, 집터 주변에 잡초와 쓰레기가 뒹굴면서 동네에서는 흉물 소리를 듣게 되었다. 급기야 동네 주민들이 항의를 해왔다. 오랜 고민 끝에 고택을 정리하기로 하고 전날 인부와 장비를 불러서 깔끔하게 철거하고 시원섭섭함을 달래려 쌍산재를 방문했다는 것이다.

그러나 쌍산재 입구에 들어서면서 고택을 보는 순간 자신의 결정에 뭔가 문제가 있다고 직감했다.

"내가 미리 쌍산재를 한 번 봤다면 이런 결정을 내리지 않았을 텐데요" 이렇게 아쉬움을 말하는 그 중년 남성과 밤새워 술을 마셨다. 그는 연신 그저 눈물이 난다고 했다.

쌍산재는 운조루, 곡전재와 함께 전남 구례의 3대 전통 고택 가옥이다. 2018년 전남 민간정원 5호로 지정되어 가치를 더하였고, 강호동 씨가 출연하는 유명 TV 프로그램에도 소개되었다. 당시 해당 프로그램이 시청률 40%가 넘는 인기 프로그램이어서 쌍산재가 전국에 알려지는 좋은 기회가 되었다.

이후 tvN 예능 프로그램 '윤스테이' 촬영지로 알려지면서 구례의 명소가 되었다.

쌍산재는 장수마을로 유명한 전남 구례군 마산면 상사마을에 위치하고 있다. 고택을 활용한 관람과 숙박을 할 수 있다. 이에 남녀노소 구분 없이 인기 있는 명소이며 인근 지리산 관광권역 내 풍부한 관광자원이 있어 함께 즐길 수 있다. 역사를 품은 고택과 자연이 어우러진 한옥의 절묘한 조화다.

과거에는 고택, 한옥에 대한 가치 인식이 부족했다고 볼 수 있다. 쌍산재는 현 주인 오경영 님의 6대조 할아버지가 서당채를 짓고 자신의 호를 따서 '쌍산재(雙山齋)'라 명명했다. 오씨 가문이 200년 세월을 이어온 집이다. 고택을 카페, 호텔로 개조하게 된 이유로는 '고택의 가치'를 보여주고 싶었다고 얘기한다. 어차피 고택 관리를 해야하는 데, 이왕이면 좋은 의미가 담기길 바랐다. 수익사업도 중요하지만 무엇보다 고택이라는 존재를 세상에 알리고 싶었고 또한 고택의 가치를 사람들에게 보여주고 싶었다고 한다.

물론 쌍산재가 유명하게 된 근본 이유는 매스컴의 영향도 있었지만 무엇보다 '고택'을 보존하기 위해 노력한 오씨 가문의 역할이 큰 영향을 끼친 것이다. 지역자원으로 고택, 그리고 고택을 지키려고 노력한 가문,

161

한옥카페, 한옥숙박 등이 어우러져 만들어낸 결과라고 볼 수 있다.

▶ 할아버지 기(氣)가 사는 곳?

3대 가족이 오는 경우가 많은 편이다. 아무래도 고택이나 한옥 등을 접하기 어려우니 과거의 문화에 대해 잘 모르는 경우가 다반사다. 할아버지가 기세등등(?)하게 되어 과거의 주거문화, 전통 등에 대해 설명을 한다. 손주는 고개를 끄덕거리며 할아버지 말에 귀를 기울인다. '우리 할아버지 똑똑하시네' 분명 꼰대의 라떼 얘기와는 차원이 다르다. 그래서 할아버지들이 손주 앞에서 기가 사는 곳, 꼰대를 벗어나는 곳이다.

▶ 고택을 숙박 시설로 바꾼 이유는?

한옥의 가치를 보여주고 싶었다. 우리 스스로 저평가하고 있는 우리의 문화를 스스로 가치 제고를 통해 우수함을 보여주고 싶었다. 그래야 쌍산재를 만드신 선조의 노력에 미력이나마 감사함을 전하는 길이라 생각했다.

사실 관람객이 급증하게 된 것은 매스컴의 위력도 있지만 결국 지역자원인 '고택'이 존재했고 고택을 지역 활성화의 '씨앗'으로 활용한 대가다. 앞서 예를 든 것처럼 고택이 그저 관리하기 어렵고 지역민에게 폐를

지역에 따라서 명칭은 다르지만 툇마루라고 한다. 툇마루에서 더위도 식히
고 간단히 요기도 하고 휴식을 취하는 멋진 장소이기도 하다.

164

지역의 반란

끼치는 존재가 아니라 우리 고유문화의 가치를 알릴 수 있는 훌륭한 자원임을 상기시키고 싶었다는 주인의 마음과 세상의 흐름이 만나 적절하게 조화를 이뤄 지역 명소 전략이 된 것이다.

쌍산재는 당몰샘에서 시작한다. 1000년이 넘은 당몰샘은 아무리 지독한 가뭄이 와도 마르지 않고 늘 일정한 수위를 유지하는 매력이 있다.

쌍산재가 있는 상사마을은 구례를 비롯하여 인근 지역에서도 알아주는 장수마을인데 당몰샘의 물이 장수마을의 비결이라고 한다.

소박한 입구의 대문을 들어서면 바로 왼편에 관리동이 나오고, 오른쪽으로 마당을 두고 안채, 사당, 건너채, 사랑채가 객을 맞는다.

아직까지는 쌍산재의 매력을 느끼기에는 다소 부족하고 평범한 고택 같은 느낌이 있다. 경암당, 호서정, 안채, 별채, 사랑채 등 여러 채의 한옥이 죽노차밭길 등 대나무 숲을 피해 곳곳에 자리해있다.

영벽문을 나서면 낚시터도 펼쳐진다. 대문 밖 당몰샘은 물맛이 좋기로 유명하다. 당몰샘은 장수를 약속한다는 천년의 샘인데, 원래 집 안에 있던 것을 무시로 샘을 찾는 마을 사람들을 위해, 샘을 담 밖으로 냈다. 입장료를 내면 커피 혹은 차를 선택할 수 있다.

▶ 고택의 가치 발견한 오경영 님

'고택'을 지역자원으로 인식하게 된 것은 그리 오래된 일은 아니다. 오경영 님은 단지 자기의 치적을 알아주지 않는 것보다는 우리나라의 고유 건축 형태인 '고택'이 인정받지 못한 것이 안타까울 뿐이다.

고택, 한옥, 적산가옥 등은 지금에 와서는 매우 훌륭한 지역자원이다. 하지만 전주의 한옥마을, 군산의 적산가옥 등도 빛을 보기 전에는 어쩌면 매우 불편한 가옥에 불과했다. 그곳에서 생활하는 사람들에게는 어쩌면 부정적인 존재일 수도 있었다. 이런 부정적인 존재를 긍정적인 이미지로 전환시킨 공로에 대해 찬사를 보내야 하지 않을까?

요즘 지역에 가면 과거의 정미소, 방앗간, 양조장 등이 높은 가치를 인정받아 고귀한 대접을 받는다고 한다. 이런 점에도 선견지명과 가치를 발견한 오경영 님의 역할은 인정해야 한다.

166

지역의 반란

▶ 밤 문화 부족

쌍산재는 분명 매력적인 가치가 분명히 있다.

화엄사, 천은사, 쌍계사, 사성암, 섬진강, 지리산 계곡 등 다양하다. 관광자원은 많은데 한 가지 아쉬운 것은 밤 문화를 즐길 수 없다는 것이다.

그렇다고 시골 한가운데 가게나 영업점을 차릴 것까지는 없겠으나 밤 문화가 있다면 쌍산재를 비롯하여 다양한 관광자원이 더욱 빛날 것이다.

얘기인 즉 체류 관광에 필요한 인프라가 필요하다는 것이다. 하지만 현실적으로 다소 어려움은 있는 것 같다.

쌍산재를 운영하고 있는 오경영 대표. 단순히 사업을 벌이기보다는 한옥, 고택의 가치를 알리기 위해 시작한 쌍산재가 이제는 구례를 대표하는 명소가 되었다. 여기에 그치지 않고 고택의 가치를 더욱 알릴 수 있는 쌍산재가 되기를 바라며 최선의 노력을 하고 있다.

06

강원 양양군 | 서피비치

양양 서피비치가 새로운 지역활성화의 물결을 타고 주목을 받고 있다. 양양군은 군사지역 해변을 서핑 전용 해변으로 조성한 데 이어 서핑 교육·축제 등으로 영역을 확장했다. 2021년 기준 50만 명의 관광객이 방문해 30억 원의 매출을 기록하며 '양양＝서핑'이라는 로컬 브랜드를 구축할 정도로 명소가 되었다.

양양은 지리적 여건이나 관광자원 측면에서도 주목받던 곳은 아니다. 7번 국도를 타고 경상도 쪽에서 강릉이나 속초를 갈 때 잠시 스쳐 가는 곳 정도로 인식되었었다. 강릉, 속초 등에 비해 인지도도 높지 않았고 특별한 관광자원이 있어 주목받거나 관광객을 유입시킬 매력적인 지역은 아니었다.

서피비치는 강원도 양양군 하북면에 위치한 1km 구간의 서핑 전용 해변으로, 서핑뿐만 아니라 요가, 롱보드, 스노클링 등 다양한 해상 레저활동을 즐길 수 있는 곳이다. 특히 남태평양 느낌이 물씬 풍기는 이국적인 정경으로 잘 알려져 있다.

서핑(Surfing)은 가장 오래된 해양레저 활동 중의 하나로 선사시대 하와이에서 시작되었다고 알려졌다.(한국해양수산개발원, 2019)

북미, 유럽, 호주 등지에서 오랫동안 인기를 끌던 해양레저인 서핑은 우리나라에 지난 1990년대 외국인 관광객과 교포를 통해 도입되었다. 초기 제주도 서귀포시 색달동 해변에서 국내 첫 서핑클럽이 시작되었다. 이후 중문 색달해수욕장과, 부산 송정해수욕장을 중심으로 서핑샵이 점차 확산되었다.

연극영화를 전공한 한 청년이 영상 관련 일을 하고 있었다. 그러다가 서핑이 재밌다고 한번 해보자는 친구 권유에 의해 둘은 소형 중고차를 끌고 인천에서 한 번도 가본 적 없는 양양을 방문한다.

서핑은 계절 구분 없이 즐길 수 있다. 초겨울 날씨에도 서퍼가 보드를 밀며 바다로 향하고 있다.

강릉·속초는 들어봤지만 양양이 어딘지는 몰랐다. 그리고 강원도 어딘가에 있다는 양양을 방문한다.

그리고 심심풀이용으로 서핑을 한번 해본다. 그리고는 바로 서핑의 매력에 빠지고 만다. 두 젊은이의 무모한 시도와 도전은 양양을 스포츠 도시, 서핑의 성지, 파티존으로 변화시켰다.

지금 양양에 형성된 서핑마을은 강원도 양양을 전국에 알리고 관광객을 부르는 최대의 지역자원이 되었다. 강원도 양양군의 관광객은 2022년 1,683만 2,154명이다. 이는 지난 2021년보다 약 250만 명이나 증가한 수치다.

관광객이 주로 찾은 곳은 낙산사, 낙산해변, 서피비치, 오색약수터, 휴휴암, 하조대 등으로 조사됐다.

▶ 국내 유일의 '서핑마을'

이곳 서퍼들은 자부심을 지니고 있다. 골프, 야구, 테니스, 농구, 배구 등 스포츠 종목은 많으나 이들 중에 마을(Village)이 있는 종목은 없다.

유일하게 있는 것이 바로 서핑이고 그 대표적인 곳이 양양 서핑마을이다.

서핑은 집단 군락을 이루며 살 수 있다. 내가 오전에 서핑을 즐기고 싶을 때는 잠시 가게문을 닫고 바다로

172

지역의 반란

추위에는 지장을 받지 않지만 높은 파도에는 잠시 쉬어야 한다.

파도가 높으면 안전을 위해 해안 출입을 금하고 있다.
서핑보드가 해안에 놓여있다.

강원 양양군 | 서피비치

전통 횟집이 있던 곳은
카페, 클럽, 스낵바 등
으로 바뀌었다.

지역의 반란

향한다. 그리고 돌아와서는 다시 가게문을 열고 영업한다. 이것이 바로 서핑의 최대 매력이라고 서퍼들은 얘기한다. 서핑의 매력은 군락을 형성하는 요인이 되었고 젊은이들을 불러들였고 이를 통해 지역의 활성화를 이뤄냈다. 물론 지가 상승이라는 부작용도 있지만….(지가 상승이 좋은 사람도 있고 그렇지 않은 사람도 있다.)

▶ 해수욕장의 모습을 바꾼 서핑

과거 해수욕장의 대표적인 상징물은 검정색 타이어형 튜브와 알록달록한 파라솔이다. 그리고 파도타기, 물장구 등이 해수욕장 놀이였다. 그러나 서핑 문화가 정착된 후 해수욕장의 모습은 완전히 바뀌었다. 해수욕장을 방문하는 연령층도 젊어졌지만, 과거의 튜브 대신 서핑보드가 눈에 많이 띈다. 해변가의 해산물 포장마차보다는 카페와 햄버거 가게가 눈에 띈다.

▶ 4계절 해수욕장 개장

예전에 해수욕장은 여름철에 빠르면 6월부터 8월 초까지 문을 연다.

날씨에 따라 7월에 개장하는 경우도 있고 8월 중순이 넘어가면 물에 들어가는 것은 금기였다. 그러나 서핑이 시작되고 나서는 4계절, 연중무휴다.

175

서피비치를 형성하는 데 큰 공헌을 한 현 장래홍 양양서피비치협회 회장이
서핑을 즐기고 있다.

지역의 반란

현재의 양양 서피비치. 이제는 내국인뿐만 아니라 외국인의 모습을 자주 볼 수 있다. (사진 제공: 장래홍 양양서핑협회장)

177

해수욕장, 해안의 점포들도 과거에는 여름 한철 장사였지만 이제는 4계절 영업을 한다. 자연스럽게 상권이 형성되고 카페, 음식점, 노래방 등 다양한 업종이 생겨났다. 어느새 지역활성화가 시작된 것이다.

▶ 동네 경관이 바뀐다

이전의 양양 해변은 전형적인 해안 마을이었다.

주변 시설이 변변치않아 주거생활을 하기에는 다소 애매하고 허름한 가게가 문을 열고 있을 뿐이었다. 그러나 이제는 강원도 양양인지 외국의 어떤 해변가인지 모를 정도로 해안 경관이 바뀌었다.

장래홍 양양서핑협회 회장이 서피비치에 대해 설명해주고 있다. 인터뷰 당시는 더블유에스비팜의 대표를 맡고 있었다.

지역의 반란

▶ 서퍼의 기준이 바뀌었다. 잘하는 사람이 아니라, 하고 싶은 사람이 바로 서퍼다

양양 서피비치를 만드는 데 크게 일조한 장래홍 대표는 과거의 서퍼의 정의는 서핑을 잘하는 사람이었다. 그런데 지금의 정의는 서핑을 잘 타거나 익숙한 사람이 아니라 서핑을 즐기려는 모든 사람을 서퍼라고 한다고 말한다.

인천에서 중고차를 몰고 처음 양양을 방문했다가 서핑에 빠져서 이곳에 터를 잡고 서핑 잡지, 파도 관측 웹캠 등의 사업을 하고 있다. 파도웹캠은 기상청에서도 연락이 와서 정보를 요청할 정도로 정착된 사업이다.

무모했던 두 젊은이들이 오늘의 양양을 만든 주인공이며, 대표적인 인구소멸지역에 사람을 불러 모은 장본인들이다. 그러므로 서퍼마을, 서피비치를 만든 이 두 젊은이의 업적을 기억해야 한다.

또한 당시 양양군수를 비롯해 양양군청의 지원도 한 몫 거들었다. 결국 개인의 열정과 더불어 행정 지원과 도움도 매우 중요하다. 행정의 지원으로 미래를 위한 발전에 발판을 마련한 것이다.

179

07

경북 문경시 | 화수헌

경북 문경시는 29년 뒤 사라질 위기에 놓여 있다.

한국고용정보원이 만든 지방소멸 위험지수로 따지면 지난해 전국 시 단위 지역 중 3위에 올랐다. 상주시(0.24)·김제시(0.25)·문경시(0.26) 순이다. 지방소멸 위험지수가 0.5보다 낮으면 30년 뒤 사라질 가능성이 매우 큰 지역이라는 의미다.

인구가 7만 1,000명인 문경시의 카페에 2020년 약 8만 명이 방문했다. 방문객들이 다녀간 카페가 있는 곳은 14개 읍·면·동 중 가장 작은 산양면으로 4,000명의 주민이 사는 곳이다.(<중앙일보> 2021년 5월7일, 문경 양파밭 폐가에 8만 명 몰렸다…90년대생 5인의 기적)

산양면에 들어서면 사방이 전답으로 둘러싸인 곳에 덩그러니 화수헌이 있다. 과거의 고택다운 면모다. 1790년에 지어졌으니 올해로 230년을 훌쩍 넘긴다. 지금이야 고택을 활용하는 지혜가 있으니 다행이지만 얼마 전까지만 하더라도 고택은 지역의 골칫덩이었다. 관리가 안 되니 건물은 낡고 수풀이 우거져 귀신이 나올 것 같았다. 이곳도 그랬다. 개인 소유의 집이었지만 주인은 떠나 있었고 관리 대행을 해주는 사람이 있었지만 한계가 있었다. 곧 무너져 내릴 듯한 흉물로 변신하던 그때 고재상이 나타나서 집을 사겠다고 했다. 주인은 시원하게 팔아버리려고 했는데 인근 마을 주민들이 문경시에 구조신호를 보냈다.

지자체 공무원의 판단과 결정이 중요한 순간이었다. 가치를 조금이라도 알아본 담당이라면 어찌어찌 보존할 방법을 생각할 것이고 그렇지 않은 경우에는 간단 민원 처리로 끝날게 뻔하다. 문경시 문화예술과 엄원식 과장이 연락을 받았다. 산양면 현리는 문경의 정체성을 보여줄 고택이 많은 동네였고 언젠가는 민속 마을로 지정해야 한다고 생각하고 있던 차였다.

181

경상북도 문경시 산양면 현리3길에 있는 화수헌. 논밭 속에 둘러싸인 채 고즈넉하게 앉아있는 옛 가옥이 운치를 더한다.

그는 지역의 정체성을 남겨줄 지역자원으로 생각하고 보존 방법을 궁리했다. 다행히 이 상황을 보고받은 당시 고윤환 문경시장이 이 뜻에 공감하여 매입을 하고 리모델링을 할 수 있게 되었다.

남은 것은 운영 방법. 직접 지자체가 나서기보다는 전문가에게 일임하는 것이 좋다고 판단해 고택 활용을 위한 공모사업을 추진했다.

도원우, 김이린 90년대생 부부가 이 공모사업에 참여한다.

지역의 반란

문경시의 고택을 활용해 지역을 널리 알린 화수헌에서 자동차로 10분 정도 떨어진 곳에 별드는 산이 있다. 동일한 문경시에 위치하고 있지만 찾는 관람객 계층에는 차이가 있다. 외지인은 화수헌, 지역민은 별드는 산을 많이 찾는다.

두 사람은 대학 캠퍼스 커플로 5년 동안 직장생활을 하다가 창업을 하기로 마음먹고 아이템을 찾아 나섰다. 우연히 읽었던 '지방소멸' 관련 책을 보고 사업 방향을 정했다고 한다.

그리고 경북지역을 6개월을 찾아 나섰다. 대구가 본거지인지라 대구에서 가까운 청도를 선택하려다 문경에 오게 되었다.

공모사업에 참가해 위탁사업을 따낼 수 있었다. 푸드·음료(Food&Beverage) 사업은 사업 업종 중 창업을 하기

185

쉽고 다른 콘텐츠랑 결합하기 용이한 장점이 있다는 판단 아래 카페 사업을 시작했다. 화수헌을 매입하지 않고 임대를 하는 이유는 매입을 하는 경우에는 부동산에 얽매일 염려도 있고 사업 본질이 흐려질 수 있다는 판단에 따른 것이다. 민간에서는 매입보다는 임대를 권유하여 사업을 전개하는 것이 답이라고 한다.

문경시는 인구가 6만 8천명이다.(2024, 문경시청)

어떤 이들은 문경은 문경새재 같은 우수한 관광자원과 지역자원이 풍부하여 고택을 이용한 카페가 성공할 수 있다는 얘기를 한다.

이 두 젊은이는 문경에 이어 영양에 도전했다.

기업의 목표는 지방소멸을 막기 위한 지역활성화 사업이므로 무모하지만 의미있는 사업에 뛰어들었다. 영양은 신호등이 2개가 있는 지역이고 인구도 16,000명에서 점점 소멸되가고 있는 지역이다. 이곳에서 성공하면 대한민국 그 어디를 가더라도 지방소멸을 극복하는 방법을 찾을 수 있다는 것이 그들의 신념이다.

▶ 〈지방소멸〉이라는 책이 바꿔준 그의 인생

대구가 본거지인 그들은 5년여 동안 직장을 다니다가 결혼을 하면서 창업을 하고 싶었다. 갖고 있던 경력은 영업 노하우. 경쟁력이 있는 곳에서 창업을 해야겠다

186

고 생각하고 있었는데 우연히 <지방소멸>이라는 책을 보게 되었다. 그 책 한 권이 지방소멸 관련 사업을 해야겠다고 결심하는 계기가 되었다.

경북지역을 6개월 정도 둘러보다가 청년유턴 일자리 사업(현 도시청년 시골 파견제)에 응모하게 되었고 '리플레이스'라는 사업을 통해 만난 곳이 바로 '화수헌'이었다.

▶ 카페에서 머천다이징으로

이들 카페는 지산지소(地産地消, 지역에서 생산한 농산물을 지역에서 소비한다)라는 판매 전략을 지니고 있다. 미숫가루, 오미자에이드 등 산품을 만들어 각종 유통 및 영업처를 늘리고 있다.

패키지 디자인 등 패키지 작업은 지역작가들이 도와주기도 한다. 박람회나 전시회 등에 출품하면서 판로가 서서히 넓혀지고 있다.

▶ 화수헌에 이어 산양정행소도 운영

화수헌에 이어 운영하는 공간도 늘었다. 산양면의 옛 양조장을 리모델링해 만든 복합문화공간 '산양정행소'다. 1940년대 금융조합사택(적산가옥)이었다가 사진 스튜디오로 쓰는 '볕드는 산' 모두 방치됐던 문경시의 유휴공간이다.

187

▲

과거 양조장을 리모델링한 복합문화공간 산양정행소의 경관. 특히 지역민의 협조와 지원으로 다양한 지역을 알리는 활동기지로 활용되고 있다.

◀

다양한 지역산품이 놓여있고 판매도 하고 있다. 지역으로 이주한 젊은이들이 제작과 판매에 동참해 다양한 아이디어 상품을 보이고 있다.

지역의 반란

▲

과거 양조장이었다는 것을 알리는 배달 자전거. 소위 짐차라고 한 자전거가 놓여있어 더욱 과거의 추억을 부르고 있다.

▼

김이린, 도원우 두 부부와 필자

경북 문경시 | 화수헌

▶ '디저트 맛보기'가 방문 동기 1위

방문객들을 대상으로 1년여의 기간 동안 설문조사를 했다. 과연 화수헌이나 산양정행소에 들리는 방문 동기가 무엇일까?

1년여의 조사를 토대로 종합해보니 의외라고 할까? 예상치 못한 답이 나온다. '맛있는 디저트를 맛보기 위해'가 1위였다. 아무리 맛이 있다고 해도 디저트 하나를 맛보기 위해 자동차로 2~3시간을 달려온다는 것이 젊은 대표들도 의외였다고 한다. 2위가 분위기 좋고 공간이 이뻐서 3위가 방송매스컴 노출 등이 방문 동기라고 한다.

여기서 한 가지 얻을 수 있는 교훈은 방문 타겟별로 상이한 마케팅 전략이 필요하다는 것이다. 만약에 주중에 장년층이 이곳을 많이 방문했다면 방문 동기가 달라졌을 것이다. 어쩌면 기성세대가 생각하는 것과는 전혀 다른 의외의 결과일지 모른다. 소위 MZ세대나 젊은 층의 단면을 볼 수 있는 좋은 사례이다.

▶ 주인장들도 의아해하는 방문 계층의 차이

산양정행소와 화수헌은 거리로는 3Km, 자동차로는 약 5분 거리다. 그런데 이 두 곳의 방문 계층이 다르다는 것을 이들도 신기해한다.

190

산양정행소는 문경시민, 대구·경북시민이 40% 정도를 차지하고 화수헌은 서울·수도권 지역이 40%를 차지한다. 왜 그런지는 그들도 모른다. 어떤 이유인지 매우 궁금해지는 대목이다.

▶ 외지인들에게 친화적인 문경시민

화수헌과 산양정행소, 볕드는 산 등이 정착을 한 배경에는 젊은이들의 노력도 있지만 지역민의 협조와 지원이 단단히 한몫했다. 간혹 지역민들이 외지인에 대해 반감을 갖고 비협조적이거나 적대시하는 경우도 있는데 산양면민 등 인근 지역민들은 상당히 호의적으로 대했다. 이장님을 비롯한 주민들의 적극적인 지원과 협조가 있었다. 스스로 자발적 주민조직으로 월 1회 2시간의 회의 등을 통해 스스로 발전을 도모하는 방법을 터득하고 있었다.

▶ 또 다른 도전, 연당 카페

어떤 이들은 화수헌과 산양정행소 등의 성공 요인을 문경시가 뒷 배경이라고 한다. 즉 인구 6만 명의 문경시가 있었기에 가능한 것이라며 다른 지역이었다면, 어려웠을 것이라고 말한다. 특히 문경새재와 같은 지역자원이 큰 역할을 한 것이라며 이들의 노력을 폄하하는 경우도 더러 있었다.

도원우·김이린 부부는 새로운 도전을 했다. 군민이 16,000명에 불과하고 신호등이 고작 2개만 있는 영양군의 연당면에 연당 카페를 만든 것이다.

▲
산양정행소 내부에는 지역에서 생산한 산품을 이용하여 만든 제품을 전시, 판매하고 있다.

◀
산양정행소에서 문경에서 재배한 오미자를 활용하여 음료를 만들어서 판매하고 있는데 상당한 인기를 끌고 있다.

192

지역의 반란

우리가 사소하게 보는 지역자원이 어쩌면 '보물'

시간의 흐름에 따라 원도심이 점차적으로 쇠퇴하고 있다.

대한민국에 있는 지역의 공통적인 고민이다. 이미 원도심과 신도심의 역전이 생기고 있다.

전북 군산시에 있는 원도심이 한 예다.

군산시 개복동·신창동 일대는 일제강점기 시절부터 1980년 대까지 군산의 중심지이자 문화와 예술의 거리였다. 하지만 시청이 다른 데로 옮겨가고 신도심이 개발되면서 구도심이 되어갔다. 젊은이들이 찾지 않고 지역 상권은 활기를 잃었다.

식은 재 속에도 불꽃은 남아있는 걸까. 지푸라기라도 잡아야 하는 간절한 상황에서 상인들의 눈에 새롭게 들어온 것은 110년의 긴 역사를 지닌 채 붙박이로 한 곳에 서 있는 바로 군산우체국, 그리고 그 앞에 놓인 우체통이었다.

이 가치를 알아본 군산시 우체통거리 경관협정운영회 배학서 회장과 신상철 부회장을 비롯한 수십 명의 상인은 전국을 돌아다니며 폐우체통을 수거해 오늘날의 우체통거리를 만들었다. 2018년 주민들이 낸 500만 원을 종잣돈으로 '추억을 만들자'는 취지로 제1회 손편지 축제를 열어 베트남까지 알려지게 되었다. 군산우체국이 일제강점기부터 있었고 이 앞에 있던 우체통이 결국 원도심 부활의 신호탄이 된 것이다.

우리가 사소하게 보는 지역자원이 어쩌면 보물인 경우가 있다. 결국 지역자원을 찾아내는 것이 중요하다는 교훈을 얻는다. 오래되면 될수록 가치를 인정받는 것이 있다. 문화재, 도자기, 산삼, 술 등 주변에서 찾아보면 굉장히 많이 존재한다.

재개발의 경우는 반대다.

너무 오래되어 불편하게 되니 새로운 집을 짓게 되는 것이다. 숨 가쁘게 달려온 경제개발의 순기능도 많지만 그만큼 역기능도 많다. 마을이 오래되면 주민들은 대부분 재개발이나 재건축을 통해 새로운 동네로 거듭나기를 바란다.

충남 서천군 판교마을은 개발이 되지 않는 것이 오히려 장점이 된 곳이다. 너무 낡고 오래되어 불편했는데 이것이 바로 중요한 지역자원이 된 것이다. 어설프게 개발하느니 오히려 놔두는 것이 좋다는 사례이기도 하다.

개발이나 발전으로 인해 과거의 모습을 잃어간다. 옛날에 갔던 곳을 가면 변한 곳이 너무도 많다. 경치 대신 현대식 좋은 건물이 들어선 곳이 많다. 당국에서는 주변 경관을 해치지 않기 위해 규제도 하지만 개발하려는 사람들은 어떻게 해서든지 개발을 하는 격이다.

충남 태안군 기지포해수욕장은 없어진 해안사구, 모래사장을 오랜 시간 들여 복원했다는 사실 하나만으로도 주목받을 만하다. 국립공원관리공단에서 어찌 보면 우수한 기술과 집념으로 국민이 즐길 수 있는 자연을 복원한 것이다.

맞배지붕이 여유롭게 느껴지는 광주광역시 광산구 극락강역은 1922년 광주선 역원 무배치 간이역으로 영업을 시작해 소실과 신축을 거쳐 오늘에 이르고 있다. 그동안 교통수단이 다양화, 현대화되면서 이용률이 현저히 줄어든 탓에 한낱 시골 미니역으로 존재해도 누가 뭐라지 않을 기차역이었다.

그런데 한 역장의 열정과 집념이 대한민국에서 가장 작은 역이자 가장 아름답고 이야깃거리가 있는 기차역으로 변신을 시키는 데 성공했다.

나광선 역장은 극락강역에서 영국 런던까지 가는 유라시아 고속열차를 편성했다. 실제로는 극락강역에서 광주 송정리역으로 가는 열차이지만 체험 이벤트에 참가한 꼬마 역장이 검표를 하며 승객들에게 즐거움과 추억을 선사한다.

물론 코레일의 지원과 관심은 있었겠지만 오직 개인의 노력 결과 하나의 교통테마파크라도 해도 무방할 정도의 예쁨을 간직하고 있다.

전남 구례군 쌍산재라는 가옥도 누군가의 사랑과 정성이 필요하다는 배움을 얻은 곳이다.

관리하기 힘들고 동네주민에게 누가 되었던 존재 고택.

오래된 옛날 집 정도로 인식되던 곳이다. 고택이라기보다는 흉가라는 오명을 갖기도 했다. 가문을 지키던 사람은 고택을 그대로 두는 것도 아깝지만 무엇보다 우리나라의 오래된 자산인 고택의 가치를 높이고 싶었다.

사람들이 찾을 수 있도록 한옥호텔을 개장했고 찾는 이들이 늘면서 각종 매스컴에 노출이 된다. 점점 사람이 늘고 구전효과가 생기더니 결국에는 지역을 넘어 대한민국 전국에 고택의 가치를 전파하게 되었다.

80년대, 90년대의 해수욕장의 모습은 까만 튜브와 햇빛 가리개, 그것도 유료이기에 일부 상인과 마찰이 있던 곳이 떠오른다. 사계절이 있는 우리나라이기에 여름만의 전유물이었다. 피서철만 지나면 '끝물'이어서 텅 빈 바다만이 남아 있던 때가 엊그제이다. 지금은 사계절 구분 없이 봄, 여름, 가을, 심지어는 겨울에도 바다에 들어갈 수 있다.

까만 튜브 대신에 서핑보드가 보이고 햇빛 가리개 없이 즐기는 사람들로 북적인다. 예전보다 연령층도 매우 젊어졌고 해변가 횟집 자리에는 클럽이 차지하고 있다.

강원도 내에서도 인지도에서는 다소 떨어진 곳이 이제는 여타 어느 지역보다 지가가 비싸고 활기찬 지역이 되었다. 바로 강

원도 양양군 서피마을이다

수년간 다니던 회사를 사직하고 독립을 꿈꾸던 도원우, 김이린 90년대생 부부가 우연히 '지방소멸'의 심각함을 알게 된다.

이에 지방의 소멸을 늦추기 위한 사업 방향을 찾게 되었고 문경시의 노력과 맞물려서 고택 카페사업을 펼치게 된다. 그 결과 경북 문경시 화수원은 핫플레이스로 등극했다.

또한 지역산품의 판로를 넓히기 위해 지역주민, 이주 청년들과 합심하여 각종 제품과 소프트웨어를 시행하여 점차적으로 확산시키고 있다.

지방소멸에 중요한 역할을 해야 하는 젊은 층의 모범을 보여주는 사례다.

지역활성화에 있어서는 외부의 기업, 공장, 시설 등의 유치도 중요하지만 실질적인 지역활성화를 위해서는 지역의 내발적인 활동이 중요하다. 이를 위해서는 지역의 커뮤니티, 지역의 리더, 외지인, 젊은 층 등 다양한 인적 네트워크가 필요하고 중요하다. 또한 지역의 자원이 무엇인지, 대단한 것만이 자원이 되는 것이 아니라 지역에서 쉽게 볼 수 있고 차별화될 수 있는 것을 찾게 되면 지역활성화의 씨앗으로 활용할 수 있다.

지역활성화의 모범과 사례가 될 충분한 가치가 있는 곳이 많이 존재한다는 것을 보여준다.

3부

지역의 반란 사례_일본

01

봄밤의 빛 축제 구라시키 '하루요이 아카리'

올해로 16회째를 맞는 구라시키 하루요이 아카리(倉敷
春宵あかり)는 봄밤에 펼쳐지는 작은 빛 축제다.

16회째를 맞았으니 다른 일본의 마쓰리만큼은 아니지
만 그래도 나름 16년을 이어오는 지역활성화 축제라
고 할 수 있다.

특히 이 축제는 오카야마의 대표적 관광자원인 구라
시키 미관지구를 활성화하기 위해 개최하는 축제로
대표적인 지역활성화 이벤트 중 하나이다.

구라시키 미관지구(倉敷美観地区)는 일본 에도시대의 모습을 그대로 간직한 곳으로 오카야마현 구라시키에 있는 관광지구다.

300년 전, 이 부근은 에도막부의 직할지가 되고 대관소가 설치되어 물자를 실어 나르는 강변 항구로서 번영을 누렸다고 한다. 특히 오사카 지역으로 여행하는 한국 관광객들에게도 인기가 많은 곳으로 간사이 와이드 패스가 있으면 간사이공항에서 신오사카역을 거쳐 신칸센을 타고 50분 만에 오카야마역에 도착한다. 오카야마에서 로컬열차를 타고 10여 분 걸리니 가까운 거리라고 할 수 있다.

매년 2월 중순부터 3월 중순까지 1개월 정도 개최하는 이 행사는 일본 현지인들도 많이 찾는 일종의 지역 명소에서 개최하는 지역활성화 축제이다.

구라시키 하루요이 실행위원회가 주최하고 구라시키, 오카야마 상공회의소, 청년회의소, 구라시키 관광컨벤션 뷰로, OHK 오카야마방송들이 공동으로 주최한다. 여기에 서일본여객철도 오카야마지사, 산요신문사 등이 후원하고 구라시키 예술과학대학 미디어 영상학과, 구라시키 마을만들기 주식회사 등이 협력하는 구라시키 활성화 이벤트 중 하나이다.

행사 내용은 지름 75cm의 일본 전통 우산 뒷면에 등을

봄밤의 빛 축제 구라시키 '하루요이 아카리'

이 축제가 시작되면 낮부터 많은 관람객이 모인다.
기념품, 전시관 등을 산책하며 구라시키의 멋을 즐기고 있다.

달아서 불빛을 밝히는 축제로 우리식으로 말하면 빛
축제라고 할 수 있다. 축제에 사용하는 우산은 오염이
되지 않는 종이를 특수 가공해 만든다.

이런 우산들을 강가와 나무로 만든 스탠드에 걸어서
전시한다. 100개 정도의 우산을 사용하기 때문에 시
설과 장치에 그다지 많은 비용이 지출되지 않는다.

코로나 이전에 예산이 약 1천 5백만 엔 정도였다고 하
니 지금 환율로 계산하면 한화 약 1억 5천만 원도 안
되는 금액이다.

지역의 반란

다만 이 비용은 하루요이 아카리 시설 장치에만 소요
되는 예산이므로 다른 예산을 포함하면 전체 행사 비
용은 더 높아질 수 있다.

일본 오카야마에 소재하는 ㈜포시즌 フォーシーズン(대
표 토루나카타 徹中田)에서 매년 대행을 하고 있다.

▲ 밤과 월광, 그리고 소소한 소품으로 운치를 더하는

이 축제는 시설과 규모 면에서는 작은 편에 속하지만
구라시키 미관지구 내 중간을 흐르는 강변(구라시키강)
건물과 어우러져 아름다움을 자아낸다. 특히 일몰 이
후 강 위로 주변 건물들이 비치는 모습과 일본 전통 우
산에서 나오는 황홀한 빛이 함께 어우러지면서 묘한
조화를 이룬다.

사실 반은 일부 건물의 모습에서 점수를 따고 여기에
우산의 빛이 더해지면서 아름다움이 두 배가 된다고
도 할 수 있다. 일본 특유의 전통 가옥과 주변의 경관
(나무, 정원 등)이 절묘하게 어우러진다.

일본의 행사 진행이나 연출도 우리의 축제 모습과 많
이 비슷하다. 아니 거의 똑같다고 해도 과언이 아니
다. 연출자는 행사 진행으로 분주히 움직이고, 포시즌
스탭들은 오프닝 세레모니에 맞춰 불을 켜야 하므로
섹터마다 대기하며 큐 사인을 기다리고 있다.

지역의 반란

구라시키 방적의 초대 사장인 오하라 고시로 씨의 별장으로 1893년에 세워진 신케이엔. 현재는 널찍한 다다미방 휴게소로 본격적인 다실을 갖추고 널리 시민에게 개방하고 있다.

봄밤의 빛 축제 구라시키 '하루요이 아카리'

구라시키강 좌우로 판매시설과 건물이 어우러져
멋진 야경을 연출하고 있다.

▲ 주변 건물의 빛과 오묘한 조화

드디어 오프닝 세레모니 시간이 왔다. 공식 행사를 시
작하자 관계자들이 간단하게 인사와 멘트를 한다. 그
리고 사회자가 행사의 배경과 행사 내용을 설명한 후
카운트다운을 시작한다. 그러자 인근 관람객들이 함
께 숫자를 따라 외쳤고, 드디어 동시에 우산 불이 켜지

지역의 반란

면서 여기저기에서 탄성이 들려온다.

어떻게 보면 이 정도의 적은 비용을 투자해서 이런 연출을 얻는 것도 일종의 특별한 혜택이다. 일본 스탭이나 일본 기술이 뛰어나서가 아니라 이런 분위기를 자아낼 수 있는 장소의 특성으로 인해 행사의 효과가 배가되는 것이 어쩌면 부러운 점이다.

▲ 구라시키 미관지구에 주민이 직접 거주

구라시키 미관지구에는 주민들이 살고 있다. 시라카베 마을 이곳에는 료칸도 있고 이자카야, 기념품 가게 등 다양한 판매시설이 있어 구라시키를 둘러보고 쇼핑과 식사, 간단한 음주 등을 즐길 수 있는 매력도 있다. 또한 오하라미술관, 오하시 가문 주택, 신케이엔 등 다양한 볼거리 장소 등이 있다.

봄밤의 빛 축제 구라시키 '하루요이 아카리'

우산과 빛, 그리고 강가에 비치는 월광.
일본 건축물과 일본의 전통 우산. 그리고 단순한 빛.
단순함의 미학이 이런 지역축제를 만들어내는 데 일조한다.

지역의 반란

일본 전통 우산이 하나의 오브제로 활용되어
색다른 멋과 분위기를 연출하고 있다.

일본식 가옥 위에 있는 조명 소품도
색다른 분위기를 자아낸다.

봄밤의 빛 축제 구라시키 '하루요이 아카리'

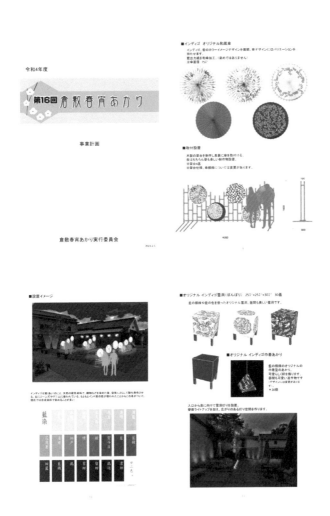

구라시키 하루요이 아카리 사업 계획서 표지와 10, 11, 12페이지

210

지역의 반란

2023년 행사 팸플릿

봄밤의 빛 축제 구라시키 '하루요이 아카리'

02

꽃과 인형의 별천지 '히나마쓰리'

일본은 혼슈, 큐슈, 홋카이도, 시코쿠(四国) 등 4개의 본섬으로 되어 있다.

이 중 시코쿠(四国)는 면적이 1만 8,803.41㎢이며, 인구는 약 3,569,443명(2024년 1월 1일 기준)이다. 도쿠시마현(德島縣)·가가와현(香川縣)·에히메현(愛媛縣)·고치현(高知縣)의 4개 현으로 되어 있으며, 세토나이카이(瀬戶內海)에 의해 혼슈(本州)와 격리되고, 시코쿠 산맥에 의해 남·북 두 개 지역으로 나뉜다.

히나단(ひな壇)에 놓여있는 히나인형과 각종 장식류. 이 정도 규모의 히나단이 여럿 놓여있고 축제의 상징을 나타내고 있다.

도쿠시마·사누키(讃岐)·마쓰야마(松山)·고치 등 각 평야에는 현청 소재지인 도쿠시마·다카마쓰(高松)·마쓰야마·고치가 자리해 현의 경제·문화 중심지를 이루고 있다(출처: 네이버 지식백과)

도쿠시마는 현청 소재지로 요시노강(吉野川) 하류에 있는 상공업 도시다. 조선업, 면직물 공업이 번성한 도시인데 현재는 인구소멸이 심각하게 진행되어 지방창생, 지역활성화 등에 집중하고 있다.

가쓰우라초(勝浦町)는 도쿠시마현의 소도시다.

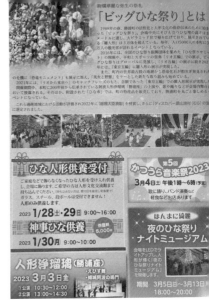

행사를 알리는 행사 팸플릿

초(町)는 우리나라에서 군과 읍 중간 정도에 해당하는 행정구역이다.

도쿠시마는 일본의 대표적인 과소지역이다.

가쓰우라초(勝浦町)의 지역활성화를 위해 매년 개최하는 히나마쓰리는 전국에서 가장 규모가 크다.

총 3만 개 이상, 100단의 히나마쓰리에 매료되는 현란하고 화려한 야요이(음력 3월)의 제례인 빅히나마쓰리는 1988년 봄, 가쓰우라초(勝浦町)의 활성화와 인형 문화 보존 전승을 위해 시작되었다.

지역의 반란

행사장 중앙에 우뚝 솟은 히나단(ひな壇)의 높이는 8m에 달하며 피라미드 형태로 옷자락을 펼치고 있으며 전시되어 있는 히나 인형은 3만 개가 넘는다.

가쓰우라초(勝浦町)의 현 인구는 5,000명 정도인데 매년 3만 명의 관광객이 찾아오는 유명한 지역 이벤트로 자리 잡고 있다.

2016년에는 전국 히나마쓰리 진흥 단체를 모은 '히나마쓰리 서밋Summit' 개최와 평화의 스포츠 축제 '리우올림픽(2016, 브라질 리우데자네이루)' 전시 등 빅히나마쓰리는 글로벌하게 발전해 '리우올림픽'에 이어 2021년에는 '도쿄올림픽'에서도 개최되었다.

또한 가쓰우라초 인근에서 세계에서 가장 오래된 지층에서 공룡 화석이 잇따라 발견된 것을 계기로 공룡 기념물도 전시하고 미녀와 야수를 주제로 한 새로운 형태로도 시도되었다.

2021년 도쿄올림픽 기간 중 혼마치에서는 200년 전부터 전승되어온 아와(阿波)인형 가쓰우라자(勝浦座)의 공연이나 노래와 춤 등이 선보였다.

그 외에 히나이치(ひな市)에서는 마을의 특산품 판매를 통해 가쓰우라초를 통째로 파는 상품으로도 인기를 끌었다. 이런 활동들을 인정받아 2022년 총무대신(総務大臣) 상을 받았고 디스커버리 농산어촌 품목으로

215

선정되기도 했다.

▲ 히나마쓰리는 어린 여자아이의 건강한 성장을 기원하는 명절의 연중행사

히나마쓰리(ひなまつり)는 일본에서 어린 여자아이의 건강한 성장을 기원하는 명절의 연중행사이다. 여자아이 인형에 벚꽃과 귤, 복숭아꽃 등의 나무 장식을 하고 히나아라레(雛霰, 설탕을 입힌 화과자) 백주와 지라시 초밥 등을 즐기는 명절 축제라고 할 수 있다.

예전에는 공휴일이었다. 근대화 이후 양력 3월 3일에 행사를 치른다.

▲ 히나인형을 5단에서 7단까지 쌓아놓는다

여자아이가 있는 가정에서는 계단처럼 여러 층 쌓아올린 제단인 히나단(ひな壇) 위에 붉은 천을 깔고 히나인형(雛人形)이라는 천황 황후 부부와 신하들이 전통 궁중 의상 복장을 입은 모습의 인형과 복숭아꽃을 장식한 대를 집안에 장식한다.

보통 5단 또는 7단으로 쌓는다. 제례가 끝나면 신속하게 제단과 주변을 정리한다. 늦게 치우면 여자아이가 게을러지고 시집을 늦게 가게 된다는 속설이 있기 때문이다.

남자아이를 위한 코이노보리라는 행사는 5월 5일에
치른다.

▲ 일본에서 가장 큰 규모 히나마쓰리를 하고 있는 곳

가쓰우라초의 히나마쓰리는 100단 높이에 3만 개 정
도의 인형이 전시되고 있어 일본 내 최고라고 할 수 있
으며 전통을 지키는 일본이기에 단순한 인형 전시라
고 할 수 있지만 매년 3만 명 이상이 찾아와 지역활성
화에 큰 도움이 되고 있다.

또한 이때 지역생산품도 많이 판매되고 있다.

▲ 지역의 어르신 커뮤니티가 중심이 되어 지역활성화
에 앞장서고 있다

특히 히나마쓰리는 지역 내 노년층 커뮤니티가 중심
이 되어 기획에서 운영, 진행까지 맡아서 하고 있는 덕
에 지역민의 단합과 커뮤니티 형성에 큰 도움이 되고
있다. 지역축제를 통해 마을 단합은 물론 노인들의 수
익 증대까지 이루고 있다.

히나 인형은 5,000엔으로 공양을 받거나 판매하는데
지역 수익 활동에도 큰 도움을 준다.

도쿠시마는 한국에서 가는 직항이 없어 다카마쓰 공
항으로 가야 한다.

지역의 반란

219

▲
일본에서는 매년 3월 3일에 여자아이의
건강한 성장과 행복을 기원하며 축하하는
'히나마쓰리'라는 독특한 문화가 있다.
지역에 따라 풍습은 다르지만 귀여운 '인
형'이나 '복숭아꽃'을 장식하고, '히나아
라레(과자류)'나 '지라시스시'를 먹는다.
여자아이를 나타내는 히나 인형이다.

◀
히나단(ひな壇)에 히나인형과 각종 장식
을 놓아 축제를 즐긴다. 이곳의 히나마쓰
리는 일본 전국 중에서 가장 큰 규모로 개
최되고 있다.

꽃과 인형의 별천지 '히나마쓰리'

대중교통편을 활용하기 위해서는 다카마쓰 공항에서 시내로 이동하고 도쿠시마로 이동해야 하는 불편함이 있다.

다른 방법으로는 오사카에서 버스로 이동하는 방법이 있는데 간사이 공항에서 리무진을 타고 도쿠시마역에 내려서 이동하면 된다.

2시간 30분 정도 걸리며 요금은 2,800엔이다.(약간의 변동이 있을 수 있다)

차가 없으면 이동하는 데 매우 불편하기 때문에 도쿠시마 주민들은 대부분 1인 1차량을 소유하고 있다.

또한 도쿠시마는 오헨로상이라고 하여 순례의 길로도 유명하다.

일본 헤이안시대의 승려 구카이(空海, 774~835) 대사와 관련된 88개의 사찰을 순례하는 것으로 시코쿠 해안가를 따라 1,200~1,400km 정도를 도보나 자전거, 버스, 택시 등을 이용해 한 바퀴 도는 것을 목적으로 한다. 스페인의 산티아고 순례길과 비슷한 느낌이라고 보면 된다.

03

800년 전통 염색을 브랜딩한 '아이조메'

800년 역사의 쪽 염색기법을 만날 수 있다. 아이즈미초(藍住町) 역사관 아이노야카타(藍の館)

▲ 천연 쪽빛 염색의 고장 '도쿠시마'

도쿠시마는 일본 열도를 이루는 네 개의 주요 섬 중에서 가장 작은 섬인 시코쿠의 네 개 현 중 한 곳이다.

교토에서 남서쪽으로 약 250km 떨어진 거리에 위치하며, 천연 쪽빛 염색으로 유명한 곳이다.

221

디오라마가 입구에서 쪽의 생산 과정을 보여주고 있다.

도쿠시마의 아이조메는 약 800년간 명맥을 이어온 전통 염색 기법으로 쪽을 이용한다. 당시 도쿠시마 행정은 이 부근(요시노강)의 토지를 보호 구역으로 지정하고 염료생산을 장려했다. 그 후 도쿠시마를 대표하는 산업으로 성장했다.

이 쪽빛 염색 기법을 아와아이(阿波藍)라고 하는데, 일본 전국에서 명성을 얻으며 하나의 브랜드와 대표 제품으로 자리 잡게 되었다.

아이즈미초(藍住町) 역사관 아이노야카타(藍の館)는 도

지역의 반란

염색 재료인 스쿠모가 들어있는 가마니가 쌓여있다.

쿠시마역에서 자동차로 요시노강을 건너 10분 정도 달리면 주택가 부근에 자리 잡고 있다.

입구에 들어서니 매표소가 보이고 각종 팸플릿이 놓여있다. 우리나라의 문화해설사 같은 사람이 있어 입구부터 안내를 해준다.

아이즈미초(藍住町) 역사관 아이노야카타(藍の館)는 오오이무라(奧村) 가문의 옛 저택 13동의 건축물과 13만 점에 이르는 오쿠무라 가문(真村)의 문서를 쇼와 62년 1대 당주 오쿠무라 다케오(奧村武夫) 씨가 아이즈미초

800년 전통 염색을 브랜딩한 '아이조메'

에 기부한 것을 계기로 자료관을 신설해 1989년 8월에 개관했다.

▲ '염색 정보센터' 리뉴얼 오픈

국가지정 중요유형민속문화재인 아와아이(阿波) 재배 가공 용구 세트를 비롯해 도쿠시마현 지정 유형문화재(건조물) '마무라야 주택', 아이즈미초 지정 유형문화재 '요무라야 문서'를 보존·활용하고 있다.

아와아이에 관한 지식과 쪽 염색 생활문화 창조, 일본의 문화유산 '쪽의 고장 아와'를 일본 전역에 알리는 쪽 염색 스토리를 널리 보급하는 쪽 염색 정보센터로서의 역할을 담당하고 있다.

2021년 11월 13일(일) 리뉴얼 오픈했다. 쪽의 역사나 유통을 비롯해 쪽 재배, 쪽 제품의 가공, 쪽 염색 공정을 종이 인형이나 실제로 사용된 도구와 함께 알기 쉽게 전시하고 있다.

여기에 천연 쪽 염색 체험도 가능해 도쿠시마를 찾는 관광객들의 필수 코스가 되었다. 오쿠무라 주택은 아와 지방의 건축 형태를 살려 봉공인방(일본의 건축 형태) 13동이 자리 잡고 있다. 1827년에 2층을 증축한 것으로 알려져 있다. 쇼와 62년에 도쿠시마현의 유형문화재로 지정되었다.

지역의 반란

지도 도쿠시마현 이타노군 아이즈미초 도쿠노미자마에스니시 172번지
徳島県板野郡藍住町徳命字前須西172番地

▲ 오쿠무라(真村) 가문의 옛 저택 13동

한적한 동네 어귀를 돌아서면 아이노야카타(藍の館) 간판이 보이는 주택이 보인다. 입구에 매표소가 있고 안내 팸플릿이 있다. 우리 식으로 말하면 유물 해설사라고 할까? 지역의 어르신이 앞장서서 설명해준다.

아와(쪽)의 가공법, 도쿠시마의 천혜 조건(쪽 생산), 과거로부터 내려오는 노하우 등에 대한 다양한 전시 기법을 통해 보여주고 있다. 스쿠모(갈대) 채취에서 제조, 쇼쿠닌(그 방면의 전문가), 종이인형, 아이다마(쪽잎을 잘게

225

오오쿠라 가문의 옛 저택이다.

썰어 발효시켜 쪄서 굳힌 물감), 갈대(억새)와 돌, 그리고 물을
섞어서 만드는 제조기법, 나룻배 등 다양한 기구와 제
조과정에 대한 소개 등이다.

그중 염색 체험프로그램이 나름 매력이 있다.

크기에 따라 300엔부터 1,000엔까지 다양하게 고를
수 있는데 방문객들은 대부분 체험을 선택한다. 손수
건부터 스카프까지 크기를 선택할 수 있으며 20분 정
도의 시간이 소요된다.

염색을 안내해주는 지역 도우미가 있으므로 도우미가
설명하는 대로 따라만 하면 쉽게 염색이 되고 만든 것
은 기념품으로 가져갈 수 있다. 천연염색이므로 피부
에 해가 전혀 없어 아기 손수건 등도 가능하니 한 번쯤
해볼 만하다.

1인당 500엔, 1,000엔을 내면 두 가지의 염색 체험을 할 수 있다. 안내원의 안내로 염색을 하고 결과물을 가져가면 된다. 일본인들도 상당히 많은 사람이 참여할 정도로 인기가 있다. 특히 천연염색이기 때문에 아기들도 안심하게 사용할 수 있는 장점이 있다.

800년 전통 염색을 브랜딩한 '아이조메'

체험을 끝내고 나서 마당으로 나와 정원을 거니는 것
도 재미이며 오쿠무라 주택을 둘러보는 것도 나름 즐
기는 묘미다. 체험과 관람, 두 가지를 즐길 수 있는 명
소라고 할 수 있다.

아이노야카타(藍の館)에 들어서면 실
내 전시장이 있어 쪽 생산 관련 과정과
지역문화를 알 수 있는 각종 전시가 되
어 있다.

안내 팸플릿

지역의 반란

04

체험형 먹거리 테마파크 '쿠루쿠루나루토'

도쿠시마(德島)의 음식을 만끽하는 체험형 먹거리 테마파크 미치노에키 쿠루쿠루나루토(道の駅くるくる なると) 매장.

지난 2022년 5월에 개장한 곳으로 도쿠시마현 나루토시(鳴門市) 오쓰초(大津町) 비젠지마(備前島) 지가니타노코시(字蟹田の越)에 위치한다.(https://www.kurukurunaruto.com/)

나루토산 식재료의 맛, 엄격하면서도 풍부한 자연, 생

산자의 진지한 고집, 오늘까지 살아 숨 쉬는 역사와 전통을 내세우는 일종의 마르쉐(Marché, 뜻은 프랑스어로 '시장') 매장이다. 가장 핵심은 나루토를 '다시 찾고 싶다'는 생각이 들도록 만든 공간과 체험 프로그램이다.

시코쿠(四国) 지방의 동쪽 현관이라 일컫는 '나루토'. 나루토의 와조(渦潮)는 세토내해와 키이스이도우(紀伊水道)의 간만 차로 인해 거센 조류가 발생함으로써 생기는 자연현상이다.

https://www.uzunomichi.jp/attraction-of-naruto-whirlpools/

이에 나루토 도미, 스다치 방어 등이 유명하다. 기이수도(紀伊水道)는 와카야마현(和歌山県), 도쿠시마현(德島県), 효고현(兵庫県) 아와지섬(淡路島)으로 둘러싸여 있는 해역이다. 동서남북 모두 약 50km로 명칭의 유래는 수도를 따라 동부에 위치하며, 과거 행정구역이었던 료세이고쿠(令制国)의 하나인 기이고쿠(紀伊国)에서 유래한 것이다.

또한 풍부한 숲에서 강을 통해 흘러드는 미네랄과 영양소는 연근, 고구마 등 뿌리 채소류를 비롯한 지역 특

지역의 반란

(https://www.kurukurunaruto.com/)

산물에 적합한 토양을 만들어 냈다.

생선, 수산물, 농산물 외에 지역 특산품을 사용한 식
사와 가공품도 즐비하다. 이외 나루토, 도쿠시마가 자
랑하는 식재료뿐만 아니라 일본 전역의 풍부하고 맛
있는 음식 문화를 널리 알릴 수 있는 산품도 다량 준비
되어 있다.

쿠루쿠루(くるくる)는 일본어로 '뱅뱅, 빙글빙글 돌면'이
라는 뜻으로 와조(渦潮)를 떠올리게 한다.

많은 사람이 방문해 서로 만나고 교류하는 장으로 웃
는 얼굴 가득하고 활기에 넘친 지역 공간이 되고 싶다
는 의미가 새겨져 있다. 나루토가 목표하는 것은 나루
토를 통해 전 세계를 활기차게 만들 수 있도록 지역 주
민들과 함께 나루토의 매력과 활력을 전국에 발신하
는 것이다.

체험형 먹거리 테마파크 '쿠루쿠루나루토'

#くるくるなると

지역의 특산물인 고구마를 형상화한 조형물이 있다.

지역의 반란

매장에 들어서면 지역의 대표 산품인 고구마를 이용한 과자 종류를 바로 만날 수 있다. 8만 개 판매라는 안내문이 있어 구매 욕구를 불러일으킨다.

평일의 쿠루쿠루나루토의 모습. 사진으로 보는 것보다는 규모가 큰 편이며 주차장도 꽤 크게 구성되어 있다.

체험형 먹거리 테마파크 '쿠루쿠루나루토'

일본 전역, 전 세계에서 다양한 관광객들이 방문할 수 있는 시설을 목표로 최고의 미소와 기운을 제공하겠다는 것이 운영 주체의 목표이다.

▲ 매장 앞에 대형 고구마 모형이···

미네랄과 영양소가 풍부한 토양에 연근, 고구마가 이 지역 대표적인 산품이다. 우리로 치자면 대형 슈퍼마켓, 혹은 할인점으로 볼 수 있는 매장 앞에는 커다란 고구마 모형이 놓여있다. 매장과 주차장 등 규모가 꽤 크다.

▲ 고구마 가공식품이 인기 제품으로

다양한 산품이 있지만 대표적인 특산물이 고구마이기 때문에 고구마가 다양한 가공식품으로 만들어져 진열되어 있다. 특히 과자류의 경우에는 매상 1위라는 표지판과 더불어 판매 개수가 매일 표시되며 판매량을 자랑하고 있다.

미치노에키 쿠루쿠루나루토 간판이 크게 놓여있다.

▲ 대표적인 관광자원으로, 미치노에키(道の駅)

주말과 휴일에는 외지인들의 발길이 끊이지 않는다. 주말이나 휴일만큼은 지역

지역의 반란

민보다는 관광객이 많은 편이며 주차장 대기를 할 정도로 많다. 평일에는 주말만큼은 아니지만 그래도 약간의 혼잡이 있는 경우가 대다수이다.

가장 큰 이유는 시장이 그만큼 큰 이유가 한몫한다고 볼 수 있다. 대표적인 관광자원, 지역자원으로 역할을 톡톡히 하고 있다.

▲ 롱포테이토, 아이스크림 인기리에 판매

농산물, 해산물 외에 지역 산품을 이용해 만든 롱포테이토, 아이스크림, 다양한 식당 메뉴 등이 인기리에 판매되고 있다. 주말에 가면 긴 줄은 기본이며 사진 속 이날은 평일이라 그래도 한산한 편이었다.

나루토시가 자랑하는 농산물로 가득

체험형 먹거리 테마파크 '쿠루쿠루나루토'

05

빈집 늘어나던 지역이 상전벽해 '카미야마초'

카미야마초(神山町)는 도쿠시마시(德島市)에서 자동차로 40분 정도 떨어진 산간 지역에 위치하고 있으며 요시노가와(吉野川)로 이어지는 아유미강을 따라 산과 강 등의 풍부한 자연환경으로 둘러싸인 농업과 임업의 마을이다.

인구는 6,000명 정도이지만 장기적으로 과소화 현상을 보이고 있다. 예로부터 시코쿠 88개소를 돌아보는 순례 신앙지이지만 특별히 유명한 관광명소도 없고,

대규모 기업도 없는 곳이다.

개조한 오래된 민가에 기업 이주를 촉진하는 '워크 인 레지던스', IT벤처기업의 '새틀라이트 오피스', 지역창업 인재를 육성하는 '카미야마쥬쿠(神山塾)' 등을 운영해 이 지역의 활성화를 이끌고 있다.

이 중 '새틀라이트 오피스'란 기업 또는 단체의 본거지에서 떨어진 장소에 설치한 오피스로, 본거지를 중심으로 보았을 때 위성(Satellite)과 같이 존재하는 오피스라는 의미에서 이름 붙여졌다. 이들은 워케이션에 있어서 필수적인 수단이다.

카미야마초는 수년간 인구 감소 영향으로 빈집이 된 노후 주택이 늘었지만, 귀농 희망자 중 카미야마 지역 입장에서 필요한 기술이나 능력을 갖춘 사람, 특히 아이가 있는 젊은 가족을 우선으로 선택해 노후 주택에 살 수 있도록 중재해 이주를 촉진할 수 있었다.

도쿄에서 이주해 온 젊은 세대가 체재하며 현지 주민과의 대화나 행사를 통해 교류했고 일부에서는 현지 청년층의 고용도 생겨났다.

이로 인해 카미야마초에는 젊은 사람이 거리를 활보하게 되고 아이들도 직업인의 근로 모습을 실제로 카미야마에서 볼 수 있게 되어 청년들이 고등학교 입학할 때부터 도쿠시마시(德島市)나 도시로 나가는 것과는 다른 취업에 대한 인식을 갖게 되며 마을이 변화하기 시작한 것이다.

2010년 10월 카미야마초에 지은 지 70년 된 오래된 주택을 빌려 새틀라이트 오피스를 개설한 'Sansan'(명함관리를 자료화하는 서비스를 제공하고 있는 IT벤처)을 시작으로 도쿄와 오사카의 IT벤처기업이 차례로 사무실을 내기 시작했고 지금은 10개 사 정도 있다.

카미야마에 IT기업의 새틀라이트 오피스 개설이 지속되는 것은 전국 최고의 통신 환경을 갖춘 것도 배경이 되고 있다. 중앙정부의 지원으로 도쿠시마현청이 주관한 통신환경 개선사업도 배경이지만 2011년에 발생한 동일본 대지진을 겪은 후 도쿄와 오사카에 있는 기업들이 데이터 보호 차원에서 비교적 안전한 도쿠시마에 기지를 만든 것도 배경이다.

▲ 방직공장이 새틀라이트 오피스로 변신

도쿠시마현 카미야마초에 위치한 새틀라이트 오피스는 과거 방직공장을 개조하여 첨단 통신환경을 갖춘 공유사무실로 변신했다. 업무를 볼 수 있는 사무실이 있고 바로 앞에 숙박을 할 수 있는 숙소가 마련되어 있다. 게스트 하우스 역할도 하고 있어 출장자 등이 머무를 수 있다.

238

새틀라이트 오피스. 과거 방직공장이 첨단 통신을 갖춘 오피스로 변신

▲ 'In 카미야마' 웹사이트로 다양한 정보 제공

총무성 지원 사업, 지역 ICT 활용 모델 구축 사업으로 'In 카미야마'라는 웹사이트를 개설하기 시작, 아티스트·인·레지던스 활동에 관련한 정보를 제공하기 시작했다. 콘텐츠 중 '카미야마 생활'의 고택 활용정보는 반응이 예상외로 좋아 새로운 지역활성화의 주축이 되는 이주 수요가 눈에 띄게 증가하는 것으로 나타났다. 이 웹사이트를 통해 다양한 카미야마의 정보와 소식을 전달하고, 소통하고 있다.

바로 앞에 게스트 하우스를 지어 숙박을 제공하고 있다. (왼쪽 사진)
입주한 회사들의 명단이 놓여있다. (오른쪽 사진)

▲ 도쿄에 본사를 둔 회사가 적극적으로 이용

산산주식회사(サンサン, Sansan, Inc. https://jp.corp-sansan.
com/)는 법인 및 개인용 명함관리 서비스를 제공하는
회사로 본사는 도쿄도(東京都) 시부야구(渋谷区)에 있
다. 도쿠시마에는 산산카미야마라보(サンサン神山ラボ)
가 있다.

▲ 카미야마초에 활력이 '빵빵'

현지에서 채용되고, 외지에서 유입되기 시작한 기업

240

고택을 개조해 새틀라이트 오피스로 사용하고 있다.
동경의 유명 IT 기업 San San

의 젊은이들 덕분에 거리에도 활력이 생기기 시작했
다. 이런 과정에서 카페 레스토랑 '밤 카페', 빵집 '장
작 빵', 프렌치비스트로 '카페오니바' 등이 영업을 시
작했다.

또한 이종 업종을 시작하는 흐름도 나타났는데 예를
들어 입주한 회사가 빵집을 내거나 카페가 출판 사업
을 동시에 벌이는 등 다양한 창업이 일어나는 순기능
이 생겨났다.

241

▲카미야마초 CATV 보급률 전국 1위

도쿠시마가 처한 특수한 상황이 새로운 통신환경을 만드는 계기가 되었다. 도쿠시마는 아날로그 방송이 이뤄지던 칸사이(関西) TV 권역에 속해 있었다.

그런데 2001년 일본은 국가 정책으로 지상파 디지털 방송을 도입키로 결정했다. 즉, 세계 최첨단 정보통신을 기반으로 지상파 TV 방송을 디지털로 전환한다는 것이다.

이에 따라 도쿠시마는 아날로그 방송이 종료되는 2011년부터는 현지 방송국 이외의 전파 수신이 어려워지게 되었다.

10년 후에는 외부 방송을 시청할 수 없는 상황에 놓이게 된 것이다. 이처럼 미디어 소외 상황을 우려하고 있던 도쿠시마 앞에 케이블 TV(CATV)가 구원 투수로 나타났다. 도쿠시마는 국가와 시정촌(市町村), 사업자와 제휴한 가운데 약 275억 엔이 투입되는 광섬유망을 현 전역에 구축할 수 있게 되었다.

카미야마초에도 CATV가 보급되었다. 카미야마초는 전 가정에 CATV가 설치되어 CATV 보급률이 전국 제1위를 차지하게 되었다(2004년).

2004년부터 고속인터넷이 보급되었으며 2007년부터

지역의 반란

는 통신 속도가 타 지역에 비해 5~10배 빠른 무선 인터넷을 사용할 수 있게 되었다.

외부 방송이 두절될 위기 상황에서 전화위복으로 도입된 인터넷망은 카미야마초가 지역 홍보를 할 때 등장하는 가장 큰 자랑거리다.

새틀라이트 오피스 바로 정면에 있는 창고가 마을의 옛 모습을 말해준다.

카미야마초에 고택을 이용한 카페 등이 생겨나고 있다.

카미야마초에 새로운 형태의 가게가 생겨나고 있다.

지역의 반란

빈집이 늘던 지역에 생기가 돌고 있다.

IT 기업이 입주해 신사업으로 베이커리를 운영하고 용역서비스업이 입주해 요식업에 진출하는 등 복합화 현상이 두드러졌다.

카미야마초 GV(Green Valley) 관계자가 마을을 안내해주고 있다.

빈집 늘어나던 지역이 상전벽해 '카미야마초'

06

동경에서 가장 긴 상점가 '도코시긴자'

일본에서 가장 부활에 성공한 상점가로 유명해진 곳이 있다. 바로 도코시긴자 상점가(戸越銀座商店街)이다. JR 야마노테선(山手)의 고탄다(五反田)역으로부터 남쪽으로 약 1.3 km의 위치에 있는 도코시긴자 상점가는 도코시긴자 쇼에이카이 상점가(商栄会 商店街), 도코시긴자 상점가(중앙가中央街), 도코시긴자 긴로쿠 상점가(긴로쿠카이銀六会) 등 3개의 상점가로 이뤄져 있다. 일반적으로 도고에 긴자는 이 3개 상가를 아울러 부르는 말이다. 입주한 상점이 무려 400여 곳에 이른다.

지역의 반란

도코시긴자 시장 입구. 3개 시장 구역으로 나뉘어 있지만 장치 장식물을 통해 도코시긴자의 정체성을 보여주고 있다.

'일본에서 가장 부흥한 상점가', '동경에서 가장 긴 상점가'라는 캐치프레이즈로 프로모션을 벌여 성공한 사례로 손꼽는다. 상가 길이를 놓고 보면 도코시긴자 상점가(중앙가)가 가장 길고 그다음은 도코시긴자 쇼에이카이 상점가(商栄会), 도코시긴자 긴로쿠 상점가(銀六会) 순이다. 상가마다 아치나 가로등의 디자인이 다르다.

도코시 긴지로(통칭 긴짱, 銀ちゃん)라는 마스코트 캐릭터도 만들었다.

동경에서 가장 긴 상점가 '도코시긴자'

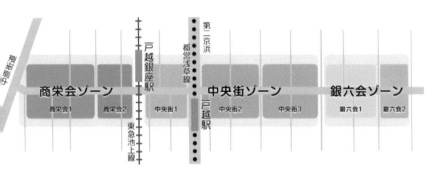

3개의 상점가를 묶어서 도코시긴자 상점가로 만들었다.

이곳은 1923년(다이쇼, 大正 12년)의 관동 대지진(간토 대지진)으로 큰 피해를 입은 후, 저지대였기 때문에 도로는 비가 올 때마다 침수로 진창이 되는 모습이었다.(浅井 建爾 2001, pp. 154–155)

마찬가지로 관동 대지진으로 재해를 입은 긴자에서는 도쿄가 국가로부터 원조를 받아 대규모 복구에 나섰을 때 도로포장에 사용하던 벽돌을 철거해 아스팔트로 바꾸게 되자 벽돌이 대량의 잔해가 되었다.(浅井建爾 2015, p. 182)

그래서 도코시상점가에서는 불필요해진 긴자의 벽돌

지역의 반란

을 받아 도로에 깔아 배수나 하수 공사에 활용했다.(浅井建爾 2001, p. 155)

도코시 상점가가 지진 재해로부터 재빨리 복구할 수 있었던 것은, 긴자로부터 받은 벽돌의 힘이 컸기 때문에, 이 가장자리로부터 도코시에서 상점회를 설립할 때에 '도코시 긴자 상가'라고 명명되었다.(浅井建爾 2015, p. 183)

1927년(쇼와, 昭和 2년)에는 이케가미 전기철도(현재의 도큐 이케가미 선)가 개통해, 동 상가의 현관문이 되는 도고에 긴자역이 설치되었다.

일반적으로 셔터상가(쇠퇴화된 상가를 일컫는 말)라고 한다. 도코시긴자 상점가도 상가의 쇠퇴화를 피해갈 수 없었다. 이에 25년 전 도코시상점가 상가번영회 카메이 데츠로(亀井 哲郎, 도쿄도 시나가와구 도코시긴자 상점가 진흥 조합 이사장)가 상점가 연합회장을 맡으면서 부흥을 이루기 시작했다.

카메이 데츠로는 도코시긴자의 시계·안경점 '갤러리 카메이'에서 태어나 가업을 잇는다.(갤러리카메이는 3대째 성업 중).

젊은 나이에 도고에 긴자 긴로쿠 상점가 진흥 조합 이사장에 취임해 일본 최초의 상가 오리지널 브랜드 '도코시긴자'를 만들어 낸다.

다베아루키. 특히 젊은이들의 관심과 집객을 통해 시장 전체가 활성화되는 긍정적 결과를 가져왔다. 젊은이들이 찾아오자 오히려 지역민이 늘어나는 효과가 나타났다. 대형 상점가, 백화점과의 경쟁에서 이길 수 있는 방법은 도코시긴자만의 상품을 만드는 것이라고 시장 관계자는 얘기한다.

30개 종류 이상의 상품을 이 브랜드로 발매해, 예상을 크게 넘는 인기를 얻었고, 이는 도코시긴자 긴로쿠 상점가의 지명도 상승으로 이어졌다.

2009년 3월, 새롭게 '도코시긴자 고로케'를 기획, 상가의 여러 점포에서 판매되는 고로케를 '도코시긴자 고로케'로 브랜드화했다. 또, 상가 마스코트 '도코시긴지로'로 디자인한 종이상자도 개발해 고로케와 함께 판매했다.

다베아루키(食べ歩, 음식을 먹으면서 걷는 것)가 매스컴에 소개되면서 더욱 유명해지기 시작했고 지금은 하루에

지역의 반란

도 3~4곳의 방송국이나 신문사 등에서 인터뷰 요청이 있을 정도로 명소가 되었다.

▲ '가장 긴 상가'로 프로모션

원래 상점가는 3개로 나눠 있었는데 하나로 통합하는 작업을 했다. 통합 이후 '동경에서 가장 긴 상가 (1.3km)'라는 스토리를 만들어서 끊임없이 소구를 했다. 이를 통해 동경에서 긴 상가로 소문이 나기 시작했고 이를 계기로 서서히 손님들이 찾아오기 시작했다. 동경에서 제일 긴 상가에서 일본에서 가장 긴 상가 등으로 알려지기도 했다. 지금도 1.3km를 음식을 먹으며 걷는 것이 하나의 매력물이 되었다.

▲ 도로 개선, 가로등 정비로는 부족

30년 전에 상가 부흥을 시작했다.

처음에는 기존 상인들을 설득하는 것에 어려움을 느꼈다. 도로 개선, 가로등 정비, 지붕 설치 등 시설 중심 사고(思考)에서 벗어나지 못했는데 시장이 깨끗하다고 해서 사람들이 방문하는 것이 아니다. 분위기, 시설적인 측면으로 경쟁하자면 백화점이나 대형 유통 상가와 비교가 되지 않는다. 그래서 시장만의 차별화된 것을 찾아야 한다고 생각했다. 5년이 지나자 서서히 변화가 시작되고 있었다.

251

▲ 우리 시장만의 독특함 찾아야

시설이나 청결 면에 있어서는 백화점이나 대형 유통 상가와 경쟁할 수 없고, 가격이나 품목으로는 온라인 상점을 당하지 못한다. 그러므로 우리 시장만의 고유함, 특별함을 찾아야 하고 이곳 시장에 직접 와야만 먹고 구입하고 볼 수 있는 특장점을 찾아야 한다. 대안으로 음식과 기념품을 기획했는데 결과적으로는 성공한 아이템이 되었다.

'먹으면서 걷는'(다베아루키, 食べ歩) 것이 명물이 되었고 기념품의 경우에는 기념품을 받는 사람들에게 도코시 긴자 시장이 각인되어 새롭게 방문하게 하는 계기가 되었다.

결국 도코시긴자 시장의 활성화 주역은 음식과 기념품이라고 할 수 있다.

▲ 독특한 음식으로 젊은이들 불러들여

도코시긴자만의 특징으로 음식을 내세우고 어느 정도 성공을 한 배경에는 젊은 층이 많이 찾게 된 것이 주효했다. 쇠퇴했던 시기에는 고령자가 많이 찾는 시장이었는데 젊은이들이 오자 시장이 활기로 가득 차게 되었다. 젊은이들이 찾아오자 시장 근처에 살고 있는 주민들이 서서히 되돌아오기 시작했다.

지역의 반란

연령층도 고령자 외에 중장년층도 찾아오면서 본격적인 시장의 부흥이 시작되었다. 결국 이어서 젊은 층까지 찾아오면서 다양한 연령층이 방문하기 시작했고 외지인이 늘자 근처의 지역민들도 대거 시장으로 몰려들게 되었다.

▲ 일회성 이벤트는 지양, 방재이벤트로 집객·홍보

도코시긴자는 일회성 이벤트를 지양한다. 대신에 기업이 후원하는 안전캠페인을 통해 다양한 고객을 끌어들이고 있다. 비용을 기업이 후원하고 장소를 제공하는 전략을 펼치고 있다.

 일회성 이벤트는 지양하고 있다. 이벤트를 통해 손님들이 몰려오는 것은 그때뿐이다. 오직 집객을 위한 이벤트는 당장은 손님들이 오지만 재방문을 하지 않는다. 확실한 관광자원이나 매력물이 없으면 한 번 오는 것으로 끝이 난다.

253

현재는 파나소닉이 주최하는 방재이벤트를 펼치고 있다. 시장을 장소로 제공하고 지역주민이 참여하는 데 연 4회 정도 하고 있다. 일본은 자연재해·지진 등이 잦아서 재해를 대비하는 교육이 매우 중요하기에 파나소닉은 기업을 홍보하는 기회로 활용할 수 있고 지역주민이나 손님은 재해 교육을 무료로 받을 수 있어 양자에게 모두 도움이 된다.

최근에는 방재 축구도 병행하고 있다. 축구를 하면서 방재 교육을 받는 프로그램으로 큰 인기를 끌고 있다.

▲ 15세가 넘은 캐릭터가 '긴짱'

그런가 하면 도코시긴자에는 아주 인기있는 셀렙이 있다. 바로 긴짱으로 불리는 마스코트다. 이 오리지널 캐릭터가 월 3~4회 상점가 순회를 한다. 걷는 것만으로도 재미가 있어서 어린이는 물론 어른들도 캐릭터와 함께 걷는다. 성인 팬이 있을 정도이다. 15년이 된 캐릭터이기에 긴자 인근의 어린이들은 이 캐릭터를 보고 자라서 디즈니랜드의 미키마우스보다 더 친근하게 느끼고 있다.

▲ 매일 3~4건의 취재 요청 받아

가격경쟁력이 없어서 편의점, 슈퍼 등과 유사한 판매 방식을 선택하면 실패한다. 지역의 상가가 하드웨어

戸越銀座商店街マスコットキャラクター
戸越 銀次郎
ニックネーム：ギンちゃん

種別：トラ猫
住所：戸越銀座商店街
職業：家事手伝い
特技：お買い物
好物：コロッケ

도코시긴자의 대표적 캐릭터 긴짱의 명함

긴짱을 소재로 한 기념품 등을 만들어 판매하고 있다.

긴짱이 그려진 수건. 긴짱이
손님을 부르는 듯하다.

255

도코시긴자 시장에서 개발한 자체 브랜드 상품. 점차적으로 확산하여 외지인을 불러들이는 데 상당한 위력을 발휘하고 있다.

도코시긴자 시장의 대표 음식 고로케. 일본에서 고로케는 일반적으로 먹는 음식이지만 도코시긴자에서만의 체험을 하기 위한 자원으로 크게 인기를 얻고 있다.

도코시긴자를 상징하는 캐릭터, 통상 '긴짱'으로 불리며 주변의 어린이들을 비롯해 성인들에게도 인기가 있다. 도코시긴자 시장만의 제품을 만들어서 보급하고 있다.

256

지역의 반란

카메이상이 도코시긴자에 대해 상세하게 설명해주고 있다.

로 백화점과 경쟁할 수는 없다. 결국 독창적인 상품 판매만이 이기는 길이다. 게다가 음식점이라고 해서 전부 성공하는 것은 아니다. 음식을 알리고 권장하는 데 실패하는 경우가 허다하다. 다행히 도코시긴자에는 종종 아이돌이 찾아와 방송 프로그램을 촬영한다.

음식을 즐기는 모습이 전국에 방송되어 도코시긴자는 홍보 효과를 톡톡히 누린다. 이제 도코시긴자는 소비자들 사이에서 특색 있는 상품이 즐비한 상가로 소문이 났고 즐거운 이야기가 있는 시장으로 인식된다. 이른바 '시장 브랜드'가 유명 브랜드처럼 안착한 것이다. 지금도 도코시긴자에는 매스컴으로부터 매일 3~4건씩의 인터뷰 요청이 들어온다.

특색있는 콘텐츠를 개발해 젊은 층의 발길을 끌어당긴 것은 홍보에 있어서 매우 매력적인 전략이었다.

07

재활용 성지로 부상한 '카미카츠 제로 웨이스트 센터'

카미카츠는 도쿠시마역에서 자동차로 1시간 거리에 있는 완전 산촌 지역이다.

산과 강을 바라보며 계속 달리다가 산 정상에 올라 작은 터널을 지나면 빨간 지붕의 건물이 보인다.

건물 외관은 누가 보더라도 재활용된 것 같은 것으로 마무리했다. 이곳이 카미카츠 제로 웨이스트 센터, 말 그대로 쓰레기를 없애자는 슬로건으로 지자체의 도전을 시작한 곳이다.

카미카츠에서 발생하는 폐기물의 80% 이상을 재활용하는 폐기물 관리 및 재료 회수 시설이다. 카미카츠 센터가 재활용하는 폐기물량은 일본의 다른 지역 평균인 20%보다 훨씬 높은 수준이다. (https://www.nippon.com/ja/guide-to-japan/gu900257/)

도쿠시마 시내에서 자동차로 1시간 정도 거리인 대표적인 산촌 마을 카미카츠초는 2003년 지방자치단체 최초로 제로 웨이스트 선언을 했다.

쓰레기를 감축(Reduce)·재이용(Reuse)·자원으로서 재생(Recycle)하는 '3R'에 입각해 실행한 결과 2021년의 재활용률은 79.9%로 전국 평균 19.9%를 훨씬 웃돈다.

한국은 2020년 기준 59.5%다.(<환경통계연감> 2021, 2022.)

최초 쓰레기를 감축하고 재활용하며 이를 통해 지역 활성화를 하려는 계획을 갖고 지역민들에게 홍보와 설득 작업을 했지만 역시 되돌아온 것은 부정적 반응이었다.

카미카츠초의 야쿠바 직원은 마을을 순회하며 주민을 만났지만 선뜻 동참에 찬성한 사람은 없었다고 한다.

쓰레기를 이용해 사업한다는 것에도 동의하지 않았지만 고령층이 많은 지역 특성상 직접 버리는 것에 문제를 제기한 경우가 많았다고 한다.

259 이에 나온 대안이 고령층과 거동이 불편한 주민을 위

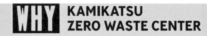

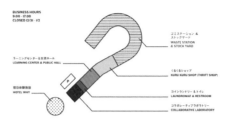

https://why-kamikatsu.jp/about/, 카미카츠 제로 웨이스트 센터는 러닝센터&교류홀, 쓰레기입하장&스톡야드, 쿠루쿠루샵, 화장실, 호텔 등으로 구성되어 있다. 상공에서 보면 물음표 같은 형태로 건축되어 있다.

해 수일에 1회 정도 방문 수거를 하는 것이다.

이 외 이런저런 여러 이유도 약간의 적자를 내는 원인이기도 하다.

45가지에 이르는 독자적인 분리수거 방법은 특히 화제를 모았다. 내각부의 SDGs 미래도시로도 선정된 이유이기도 하고 이에 국내 외에서 시찰이 끊이지 않고 있다.

2020년 쓰레기 제로의 날(5월 30일)에 활동 거점 '카미카츠초 제로 웨이스트 센터(이하, 센터)'를 오픈했다.

그리고 주민들이 쓰레기를 반입하는 수거장을 중심으

260

지역의 반란

쿠루쿠루샵. 재활용된 제품을 구입해 이곳 저울에서 무게를 재고, 거기에 상응하는 만큼 돈을 지불한다. 정해진 금액은 없고 자율적으로 지불하는 구조다.

로 교류 공간과 오피스랩, 숙박시설 등을 설치했다.

마을 주민이 불필요해진 것을 무상 제공하는 쿠루쿠루샵(くるくるShop: 재활용할 수 있는 의류, 그릇 등을 판매하는 일종의 재활용 매장)에서는 한 달에 550㎏가량이 재사용된다.

실제로 분리수거를 하는 것을 보면 분리수거의 끝장을 보는 듯하다. 상당히 꼼꼼하게 분리수거 원칙에 따라 관리하고 있어서 90% 이상의 재활용이 가능하다고 하니 분리수거 관리의 노하우가 궁금하기도 하다. 한편에 보면 'HOTEL'이라는 간판이 보인다.

1실 4인이 가능하고 2층 구조로 되어 있어 'HOTEL WHY'는 제로 웨이스트 생활을 체험할 수 있다. 폐목재를 활용해 가구도 리메이크 제품이면서도 깔끔하고 현대적인 분위기로 인기다. 다만 장소의 정체성 때문

재활용 성지로 부상한 '카미카츠 제로 웨이스트 센터'

인지 고급적인 것과는 거리가 멀다.

센터 앞에는 그야말로 울창한 산림과 물소리가 들린다. 산을 감싸고 도는 계곡이 있는데 꽤 크다고 한다. 계곡을 따라가면 료칸도 있고 캠핑장도 있다.

주식회사 이로도리, 웨이스트 센터, 워케이션 등이 인근에 있어 도시에서도 시설을 견학하기 위해 다양한 시찰단이 방문하고 있고 외국에서도 많이 찾고 있다고 한다.

지역 정주 인구보다 훨씬 많은 외지인이 찾고 있어 지역의 활성화에 큰 도움이 되고 있다.

▲ 음식물 쓰레기 수거 제로로 크게 약진

마을의 상징이자 이제 관광자원이 된 센터지만 사실 1990년대까지 이곳은 쓰레기 소각장이었다.

환경 문제와 관련된 법규제가 강해지면서 야외 소각을 금지했다. 또한 1997년에 '히비가야 쓰레기 스테이션'을 열어, 주민 반입을 통한 쓰레기 분리수거를 시작했다.

분리 구분은 당초 9종류였으나 이듬해에는 배 이상인 22개로 소각로를 폐쇄한 2001년에는 35개 항목까지 세분화했다. 앞에서도 서술했지만 80%를 넘기려고 하는데 아직은 다소 무리가 있다고 카미카츠초 야쿠바 담당은 얘기한다.

당연히 분리수거를 세분화하면 주민 부담이 늘어난다. 야쿠바의 담당자는 정책에 대한 이해를 구하고자 55개의 마을을 순회하며 설명회를 열었다.

고령층이 쓰레기 운반에 대한 문제를 제기했지만 가장 큰 문제점은 가정 쓰레기의 40%를 차지하는 음식물 쓰레기다.

썩기 쉽고 냄새 나기 쉬운 음식물 쓰레기가 없으면 반입량과 빈도를 줄일 수 있어 주민 부담이 줄어든다. 이에 각 가정에 미생물로 분해시켜 퇴비로 바꾸는 '컴포스트'의 설치를 권장했다.

5만 엔짜리 전동식 설비를 자기부담금 1만 엔으로 도입할 수 있도록 마을 보조금을 지급한 덕에 보급률이 약 80%까지 이르렀다.(https://www.nippon.com/ja/guide-to-japan/gu900257/)

▲ 쓰레기장에 호텔을

카미카츠초는 넓은 산지에 집이 드문드문 있어 순회하며 쓰레기 모으는 데 어려움이 컸다. 대신에 농가가 많아 퇴비 재생 목표를 달성하기가 쉬웠다.

컴포스트에 사용하는 나무 부스러기는 현지에 풍성하게 자라고 있는 삼나무를 칩으로 만들어 활용했다.

쓰레기 수거장에 호텔을 병설하는 아이디어도 '음식물 쓰레기 제로', '소각로 제로'의 깨끗하고 악취가 없는 환경이어서 실현할 수 있었다. 그야말로 호텔도 짓고 환경도 보호하는 일거양득의 정책이었다.

▲ 쓰레기의 비용을 시각화함

마을에서는 '나누면 자원, 섞으면 쓰레기'라는 인식에서 현재는 45가지로 구분해 분리수거하고 있다.

위생 쓰레기나 고무 제품 등의 '소각이 필요한 쓰레기'는 업자에게 위탁하지만, 대부분의 품목에서 재사용, 재활용을 하고 있다.

특히 버려지는 것 중 재활용이 가능한 것은 별도로 분리해서 두면 센터 관계자가 이를 쿠루쿠루숍으로 가져와서 판매한다.

그릇, 의류, 장난감, 가정 소품 등 다양하며 벼룩시장 정도로 생각하면 된다. 가격은 각자가 알아서 내고 싶은 만큼 자율적으로 지불하는 것도 특징이다.

잘 찾아보면 꽤 쓸만한 것도 많고 일단은 저렴하다. 자율적으로 지불은 하지만 적당히 돈을 내면 된다.

쓰레기 분리 의욕을 높이는 데 한몫하는 게 포인트 제도다.

잡지 등 대상이 되는 자원 쓰레기와 교환하여 포인트

가 부여되어 모으면 상품권 등으로 교환할 수 있는 제도다. 수거업체로부터 얻을 수 있는 대가를 주민들에게 돌려주고 있는 것이다.

▲ 2030년을 향한 새로운 과제

당초 목표였던 '2020년에 쓰레기 0에 도전'한다는 목표는 달성하지 못했지만, 리사이클율은 80% 정도에 이른다.

나머지 20%를 달성하기 위해 노력했지만 쉽지 않았고 20%의 벽을 넘기 위해서는 주민과 행정의 노력만으로는 불가능하다는 것도 알게 되었다.

그래서 마을과 행정은 앞으로 10년을 향한 '제로·웨이스트 타운 계획'을 마련하여 '주민 부담의 경감'을 포함한 새로운 목표를 정했다.

'제로·웨이스트 타운 계획'의 또 다른 목표는 기업이나 연구기관과의 협업을 통해 다양한 순환을 만들어내는 것이다.

이에 제조사 측의 협력 요청이 잇따르고 있다.

대형 음료업체인 산토리도 그중 하나다.

일본의 페트병·리사이클 비율은 86%로 세계적으로 높은 수준이지만, 원래의 페트병으로 재생하는 '수평 리사이클'은 20% 정도밖에 되지 않는다.

재활용 성지로 부상한 '카미카츠 제로 웨이스트 센터'

쓰레기 집하장과 스톡야드의 모습.
건물 외관도 재활용 자재를 사용했다.

산토리에서는 이미 수평 리사이클을 50% 가까이에 도달할 수 있다고 자신하고 있다.

2030년까지 세계적인 유통망에서 사용하는 모든 페트병의 100% 지속 가능화를 목표로 하고 있다.

다시 말해 산토리는 앞으로 리사이클 소재 혹은 식물 원료 소재만을 사용한 페트병만을 유통하겠다는 얘기다. 산토리사는 카미카츠초와 제휴 협정을 맺어, 2024년 4월 이후는 마을이 회수한 페트병을 유상으로 인수해 자원을 활용하고 있다.

20년에 걸친 제로 웨이스트 운동은 관광객과 이주민을 불러들이며 지역 산업 부활 등의 긍정적인 효과를 낳았다.

원대한 목표가 지속 가능한 마을 만들기의 '수단'이 되고 있는 것이다.

카미카츠초 제로 웨이스트 센터	
주소	도쿠시마현 가쓰우라군 카미카츠초 후쿠하라 가쓰우라 7-2
정기 휴무일	무휴
영업시간	오전 9시~오후 5시
※쓰레기 수거장 출입은 월~금: 오후 2시~, 토·일: 오후 3시 30분~	
교통	JR 도쿠시마역에서 버스로 약 1시간 30분 ('요코세니시' 환승, '히비가야' 하차), 차로 약 1시간

지역의 반란

건강한 노인과 이주자를 포함한 젊은 세대가 힘을 합쳐 쓰레기 없는 아름다운 마을을 실현할 날을 기다리고 있다.

호텔, 1실 4인까지 숙박할 수 있고 2층으로 되어 있어 아래층, 위층에 머물 수 있다. 연료는 장작으로만 가능하며 숙박객들이 난방을 해야 한다.

재활용 성지로 부상한 '카미카츠 제로 웨이스트 센터'

08

고령화 산골의 환골탈태 '잎사귀 비즈니스'

잎사귀(葉っぱ) 비즈니스란 '츠마모노', 즉 일본 요리를 아름답게 물들이는 계절의 잎과 꽃, 산나물 등을 재배·출하·판매하는 농업 비즈니스를 말한다. 카미카츠초의 한 산골 마을에서는 요리 장식에 쓰이는 잎사귀를 상품으로 개발·판매해서 마을에 활기를 불어넣고 있다. 시코쿠(四国) 지방에 있는 도쿠시마현(徳島県) 카미카츠초(上勝町)는 인구 약 1,500명, 고령화율이 50%를 넘는 마을이다.

지역에서 생산하는 것이야말로 보물! 위기가 낳은 비즈니스

▲ 산촌이기 때문에 가능했던 잎사귀 사업

카미카츠초(上勝町)는 도쿠시마현 중앙에 위치하고 있으며, 도쿠시마시에서 자동차로 약 1시간 거리에 있다. 평지가 적고 가파른 지형에 대규모 농업에는 적합하지 않은 전형적인 산촌이며 기후는 서늘한 편이다. 이 사업을 제안한 주식회사 이로도리의 요코이시 토모지(橫石 知二) 사장과 지역 어르신들의 지혜가 있어 성공적으로 정착할 수 있었다.

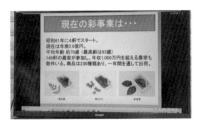

잎사귀 비즈니스를
지탱하는 ICT

주식회사 이로도리의
요코이시 토모지(横
石 知二) 사장

1980년경까지의 마을 산업이었던 목재와 귤 등은 어려운 국면을 맞고 있었다.

1981년에는 국지적인 이상 한파가 카미카츠초를 강타해 귤이 고사하고 큰 타격을 입은 것이다. 그 후 동네에서는 경량 채소와 표고버섯 등을 재배하며 시행착오를 겪고 있었다. 그러던 중, 당시 농협 직원이었던 요코이시 토모지(현 주식회사 이로도리 대표이사 사장)가, 마을 인구의 절반 정도를 차지하는 고령자와 여성들이 활약할 수 있는 일은 없을까 모색하고 있었다.

그러다 1986년 마을의 산과 들에 널려있는 잎사귀를 '츠마모노'로 판매해보자고 제안했다.

272

츠마모노란 일식 요리나 생선회에 사용하는 장식으로 요리 겉모습을 아름답게 해주며 비린내를 없애 식욕을 돋우는 효과 등이 있다.

생선회에 곁들이는 해초, 청국장 등이나 오이나 무채, 식용 국화, 파슬리, 와사비, 생강 등을 모두 '쓰마'라고 부르는 경우가 많다. 브랜드명 '이로도리(채, 彩)'로서 이른바 잎사귀 비즈니스가 시작되었다.

▲ 잎사귀 사업의 구조

영농 전략·재배 관리는 농가, 수주·정산·유통은 농협, 시장 분석·영업 활동·시스템 운영은 주식회사 이로도리가 하는 삼위일체 구조다.

특징은 상품이 가볍고 깨끗해 여성이나 고령자가 대처하기 쉽다는 것이다.

과거의 귤은 다품종 소량 생산이며 종류는 300개 이상 1년 내내 출고된다. 현재 카미카츠초의 농가는 약 150가구. 이로도리 연간 매출은 평상시 약 2억 엔이었지만 코로나19

고령화 산골의 환골탈태 '잎사귀 비즈니스'

로 인해 약 1억 5,000만 엔(2020년도)으로 떨어졌다. 하지만 연 매출이 약 1,000만 엔인 할머니도 계신다.

잎사귀 비즈니스를 지탱하는 것은 PC나 태블릿 단말기를 통해 접근할 수 있는 '카미카츠 정보 네트워크'에 들어있는 정보다.

전용 태블릿으로 매일 갱신되는 수주 정보, 전국 시장 정보, 예측, 전년도와의 현황 비교, 재배 관리 정보 등을 볼 수 있다.

이를 토대로 농가는 정보를 분석하고 마케팅을 벌이는가 하면 잎을 계획적으로 재배 관리하고 전국으로 출하한다.

그 밖에 자신과 타인의 매상 순위 정보도 제공해 의욕을 끌어올리는 요소로 작용한다.

2017년에는 SNS를 도입하는 등 시대 변화에 발맞춰 시스템을 업그레이드 했다.

▲ 잎사귀 비즈니스가 불러온 마을의 변화

일단 지역민의 다수를 차지하는 노년층에게 일감이 주어지고 역할이 생기면서 마을에 활기가 크게 돌았다. 잎사귀를 채취하는 작업에 너무 몰두하고 많은 시간을 쏟아붓는 바람에 건강을 해치는 어르신이 생겨날 정도였다.

지역의 반란

이러한 카미카츠초의 잎사귀 비즈니스는 일본 내에서 지방창생의 모범사례로 손꼽힌다.

국내외에서 시찰단이 끊임없이 방문하고 있다.

2013년에는 요시유키 가즈코 주연 <이로도리, 인생 2막> 영화의 촬영지로 유명해지기도 했다.

이러한 명성은 도쿠시마에도 영향을 미쳤다. 도쿠시마는 일본에서도 대표적인 과소지역으로 이주를 적극 권장하고 있던 지역이었으나 카미카츠초가 널리 주목

토모지 사장이 개발을 위해 츠키지 시장에서 일을 보고 있는 모습. (회사 소개서에서 발췌)

받으면서 이주자가 증가하기 시작했다.

도쿠시마 카미카츠초는 과거에 지역농업이 붕괴되면서 술로 지새우던 노인들이 많았었다. 낙후되고 못살던 마을이 이제는 노인들이 저마다 일거리를 찾아 나서면서 소득을 올리는 곳으로 변모했다.

카미카츠초는 기존 농업을 대체하는 데 성공한 대표 지역으로 우뚝 서게 되었다.

고령화 산골의 환골탈태 '잎사귀 비즈니스'

▲ 토모지 사장의 '잎사귀 비즈니스' 집념

요코이시 토모지(橫石 知二) 사장은 카미카츠초 출신이 아니다. 45년 전 이곳과 인연을 맺어 잎사귀 비즈니스를 해오고 있다.

카미카츠초에 대한 첫인상은 '깡촌'이었다고 한다. 목재업, 귤 등의 산업이 있었지만 그다지 활황이 아니었다. 때문에 대부분의 주민은 의욕이 높지 않았다.

일부는 술독에 빠져 사는 이들도 있었다. 토모지 사장은 이같이 무기력한 마을의 모습을 보고 해결점을 찾아 나섰다. 여러 궁리를 하다가 목재(임업), 귤 농사보다는 힘이 덜 들고 여성들도 할 수 있는 일을 찾아보자는 의도로 잎사귀 비즈니스를 떠올리게 되었다.

산촌 사람들은 의외로 자기주장이 강했다. 좀처럼 남의 의견은 들으려 하지 않았다. 산촌 사람 나름대로 자긍심이 존재했는데 이것 때문에 처음에는 고전을 겪어야만 했다.

▲ 츠키지 시장, 요정까지 드나들며 연구에 박차를

처음에는 동네 할머니 4명을 설득해 일을 시작했다. 일본 도쿄도 주오구에 위치한 대표적 수산물 도매시장인 츠키지 시장도 여러 차례 방문해 가능성을 타진했다. 심지어 박봉의 형편이었지만 여러 고급 요정 집을 찾아가기도 했다.

결국 10엔짜리 상품부터 팔기 시작했는데 서서히 주문이 늘어났다. 거꾸로 식당이나 요리집에서 찾아 오면서 사업이 서서히 본궤도에 오르기 시작했다.

▲ 80세 어르신도 분주, 주문과 판매는 태블릿으로

여든이 다 된 분도 열심히 일을 하고 있다. 놀랍게도 주문이나 판매를 태블릿을 통해 하고 있다. 그만큼 IT 활용도가 높은 편이다.

태블릿을 통해 주문량을 확인한 후 그날 작업할 분량

잎사귀 비즈니스의 주역인 어르신들

고령화 산골의 환골탈태 '잎사귀 비즈니스'

지역의 반란

카미카츠초 마을 전경과 자경하는 모습,
그리고 잎사귀 비즈니스의 주역들

고령화 산골의 환골탈태 '잎사귀 비즈니스'

을 정하고 업무 프로세스에 따라 잎사귀 채취와 배송 등을 진행한다. 태블릿을 통해 업무를 처리한 것은 2000년 초반부터다.

카미카츠초는 일본에서 가장 빠르게 IT 업무 방식을 도입했다고 자부한다. 덕분에 한밤중에도 연락을 주고받을 수 있다. 모든 업무 프로세스가 온라인으로 연결되어 있기 때문이다.

▲ 여든이 넘은 분도 고수익을 내고 있다

여든이 넘은 분의 경우 1일 4만 엔 이상 수입을 올리고 있다. 150가구 정도가 참여하고 있어 편차는 있지만 많은 경우에는 월 200만 엔 이상 버는 분도 있다.

과거 목재나 귤 생산에 비하면 각각 최소 40%, 최소 4~5배 차이가 날 정도로 효율적이다.

지역의 반란

회사 내에 전시되어 있는 관련 사진과 상품

고령화 산골의 환골탈태 '잎사귀 비즈니스'

2004년 지방창생 시작
14,000여 개 지역자원 지정

일본은 과거부터 외부의 침략을 받지 않은 국가다.

1945년 제2차 세계대전의 패배로 일부 파괴된 자연유산, 문화유산 등이 있으나 몇몇 지역을 제외하고는 그대로 보존하고 있다. 이것은 일본이 전자대국에서 관광대국이 될 수 있었던 배경이다. 과거의 주택, 거리 같은 생활 자취도 존재하지만 여기에 온천, 음식 등이 자원으로 바뀌면서 더욱 볼거리, 즐길 거리 등이 풍부해진 편이다.

오카야마현의 구라시키 미관지구는 오카야마 지방의 대표적인 지역자원이라 할 수 있다. 지역의 특색을 살린 덕분에 1년 내내 관광객이 끊이지 않는다. 여기에서 한 발 더 나아가 지역활성화의 소재로 하루요이 아카리 축제를 개최하며 더 많은 관광객을 끌어당기고 있다. 옹기종기 모여있는 옛 주택들과 빛과 우산을 소품 삼아 아름답게 꾸민 거리가 눈에 들어온다. 아름답고 활기찬 거리는 관광객들로 하여금 지갑을 열게 한다. 지역 풍경이 지역민의 소득을 높이는 데 기여하고 있다.

이러한 관광 포인트를 개발하려면 주민과의 화합도 중요하지만 무엇보다 주민의 참여가 우선이다. 주민이 참여를 해야 그 다음에 화합이나 공유도 기대해볼 수 있기 때문이다. 특히 지방 소멸 시대에는 노인 일자리가 요구된다. 지역의 고령화에 따라 자연스럽게 등장하는 현안이다.

히나마쓰리는 여자 어린이의 성장을 축하하는 일본의 전통 축제이다. 추운 계절에서 따뜻한 계절로 바뀔 때 열리는 히나마쓰리는 원래 음력 3월 3일 모모노세쿠(桃の節句)에 지내던 행사였으나 지금은 양력 3월 3일에 치러진다.

여자아이가 있는 경우 즐길 요량으로 전국적으로 참가하는 가정이 많다. 도쿠시마현의 가쓰우라초(勝浦町)는 대표적인 인구 과소지역이다. 노인들이 대거 참여한 가운데 서로 협력하며 축제를 스스로 만들고 제각각 저마다의 역할을 담당하며 운영해 나간다.

축제를 통해 수익도 올리고 지역도 알린다. 도랑도 치고 가재도 잡는 격이다. 이런 점에서 히나마쓰리는 단순히 일본의 관습을 즐기는 날로서만이 아니라 지역활성화에 있어서 중요한 역할을 하고 있는 것이다. 일본 전역에서 가장 큰 규모의 축제로 손꼽힌다.

지금은 쪽 염색이 대중화되어 있지 않다. 도쿠시마 중심지에는 요시노강이 흐른다. 강폭이 넓고 물줄기는 태평양과 이어진다. 풍족한 수자원을 기반으로 과거부터 쭉 염색산업이 발달해 도쿠시마의 중심 산업을 이루게 된다. 천연염색이라는 특수성 때문에 염색산업이 발달하게 되었다.

이 지역의 소도시 아이즈미초에서는 일본 특유의 장인정신과 어우러져 다양한 염색기법이 탄생했다. 지금은 과거 명성에 비해 많이 퇴색되긴 했지만 소규모 지역산업으로나마 옛 영화를 이어가고 있다. 염색 체험관이 오쿠무라 가문의 고택을 배경으로 지어져 많은 외지인이 이곳을 찾고 있다. 염색체험을 통해 쭉 염색의 기법을 배우고 스스로 염색한 옷감을 가져가는 일종의 재미를 선사하고 있다.

도쿠시마현 국도의 역 휴게소인 미치노에키의 쿠루쿠루나루토에는 고구마, 연근 등 농산물이 팔린다. 이 품종들은 도쿠시마의 대표적인 작물이다.

홋카이도의 감자, 버터(홋카이도의 경우 감자는 전국의 70%를 차지하고 버터는 90%를 차지할 정도로 비중이 높다) 등에 비유할 정도는 아니지만 나름 지역의 명물로 자리 잡고 있다. 오카야마, 오사카 등 인근 지역의 주민들이 주말에 많이 찾아 온다.

일본 특유의 지역 산품을 즐기려는 인구로 상당히 붐빈다. 고구마, 연근 외에 생선, 육류 등도 유명하고 인근 세토내해의 유명 명소와 더불어 핫스팟으로 자리 잡고 있다. 이 시장이 지역 경제에 미치는 효과는 매우 크다. 일단 방문객이 많은 덕에 물건들이 잘 팔려나간다. 그러다 보니 자연스럽게 지역 내에서 소비와 생산의 선순환이 일어난다. 지산지소(지역에서 생산한 것을 지역에서 소비), 지산전소(지역에서 생산한 것을 전국에서 소비)를 이루고 있는 대표적인 상업시설이라 할 수 있다.

카미야마초는 전통적인 산촌이다. 인구가 5,000명이 채 되지 않을 정도로 대표적인 과소지역으로 도쿠시마 시내에서도 자동차로 1시간 30분 정도 달려야 닿을 수 있을 만큼 동떨어져 있는 지역이다. 이런 외진 곳에 특별한 사업이 전개된다.

총무성 지원사업으로 초고속 통신 시설을 설치하게 된 것이다. 케이블 TV 등이 설치되면서 이 시골 마을이 일본에서 가장 통신이 빠른 지역으로 우뚝 서게 되었다. 인프라가 구축되자 몇몇 IT기업이 이곳에 회사 둥지를 틀게 된다. IT회사는 회사 특성상 굳이 대도시에 있지 않아도 충분히 업무를 볼 수 있는 특수성을 지닌다. 행운의 여신이 카미야마초를 향해 미소 지었다.

시골 마을 카미야마초가 지역인재를 영입하는 일거양득의 효과를 노릴 수 있게 된 것이다. IT기업들이 카미야마초를 근거지로 하게 된 것은 2011년 도호쿠 대지진과 연관된다. 도호쿠는 대지진에 이어 쓰나미가 몰려와 이중고를 겪게 되었고 일본의 수도인 도쿄마저도 강진으로 피해를 입었다. 데이터 센터를 생명으로 하는 IT 관련 회사들이 불안감을 느끼게 되었다. 이런 배경에서 보다 IT 관련 회사들은 데이터 센터를 세울 안전한 장소로 도쿠시마를 점찍게 된 것이다. 도쿠시마로 이주하는 IT 관련

회사들이 늘어나기 시작했다. 덩달아 새틀라이트 오피스, 워케이션을 필두로 지역의 부흥이 시작되었다. 시골 거리의 모습도 완전히 바꿔었다.

동경 시내에서 가장 긴 상가, 전국에서도 가장 긴 상가로 알려진 도코시긴자 역시 지역활성화의 대표적 사례다. 1.2km의 상점가 거리는 일본 상점가의 상징이기도 하다.

일본은 상점가 일부를 가리켜 '셔터상가'라고 부르는데 이는 문 닫은 상가, 쇠퇴한 상가를 일컫는 말이다. 그만큼 일본의 상점가들이 쇠락을 걷게 된 것이다. 도코시긴자도 그중 일부였다. 하지만 나중에 대대적인 변신을 꾀한다. 도코시긴자는 현실적으로 우천 시를 대비한 지붕개량이나 시설 보수가 중요했다. 하지만 도코시긴자의 회장을 맡은 카메이 씨는 그 무엇보다도 시장의 특성을 파악하는 데 집중했다. 대형상가, 온라인 쇼핑몰, 백화점 등과의 경쟁에서 살아남기 위한 방법이 무엇일까?

그는 대형화, 대량화로 간다면 승산이 없다고 판단하고 오리지널 상품과 시장의 특성을 살려 나간다. 결국 다베아루키, 오리지널 음식은 도코시긴자에 와야만 맛볼 수 있는 향토음식으로 이미지를 강화했다. 그 밖에도 다양한 소품들을 개발해 시장의 오리지널 상품으로 포지셔닝을 한다. 이러한 전략은 잘 맞아들어가 시장은 부흥하게 된다. 지금은 동경 시민들도 거의 알고 있는 유명 시장이 되었다.

카미카츠초도 대표적인 일본의 과소지역이었다.

도쿠시마 내에서도 과소지역이었다. 마을 활성화를 위해서 새로운 사업을 찾다가 나온 안이 웨이스트 제로. 즉 쓰레기 없는 마을을 만들자는 것이었다. 고령층이 많은 지역 특성상 현실적이지 않다는 이유로 반대에 부딪혔지만 야쿠바의 직원들이 마을 주민을 찾아다니면서 설득을 계속해 동의를 받아냈다. 100% 재활용을 통해 쓰레기가 없는 마을 건설을 목표로 했지만 현재는 그에 미치지 못하고 있다. 재활용 80%가 최고치다. 이를 보완하기 위해 별도의 전략을 수립해 100% 재활용에 도전하고 있다.

산 정상 도로변에 위치한 센터는 건물 자체도 특이하지만 모든 것이 재활용 자재를 활용해 건축되었다. 버려지는 물건 중 재활용이 가능한 제품을 판매한다. 가격이 붙어있지는 않다. 무게를 재어 자율적으로 계산을 하는 방식이다.

호텔도 명물이 되었다. 웨이스트 제로 센터에 위치한 호텔에서 하룻밤을 묵는 것도 새로운 즐길 거리다. 벌목사업도 하고 밀감도 재배하고 산촌에서 할 수 있는 임업 관련 활동을 하지만 투여되는 노동력 대비 효율적이지 않다.

특히 산촌에 있는 사람들은 거의 고령층이다. 이에 힘도 들고 수익도 변변치 않아 낮부터 일본 술을 즐기는 분들도 많았다. '인구 1,500명, 고령화율 50%를 넘는 지역에 맞는 비즈니스가 무엇일까' 고민을 하던 요코이시 토모지(横石知二) 사장이 나뭇잎 등을 이용한 이로도리 사업을 제안하면서 잎사귀 비즈니스는 시작되었다.

80대 중반이 넘은 할머니도 태블릿 PC를 통해 능숙하게 주문을 받아 고객에게 물건을 보낸다. 1개월 소득 순위를 보면서 즐거움과 보람을 느낀다. 고령화 50% 넘는 지역이 잎사귀 비즈니스를 통해 완전히 변신하게 된 것이다.

일본은 2014년에 지방창생을 시작했다. 이보다 훨씬 전에는 지역활성화 관련 사업이 전국 각지에서 활발하게 진행되었다. 산업화에 있어서는 한국보다 먼저 앞섰기에 인구소멸이나 지역붕괴도 먼저 맞이하게 되었다.

이에 다양한 지역활성화에 대한 대처가 시작되었다. 특히 일본은 지역자원법이 있어 현재 14,000여 개의 지역자원이 지정되었다. 각 지역마다 다양한 지역자원과 지역 커뮤니티 등이 어우러져 지역활성화 사업이 전개되었다.

성공한 곳도 실패한 곳도 많이 있다. 일본의 사업을 '무작정 따라하기'는 금물이다. 굳이 일본을 벤치마킹하자면 지역자원 활용이나 지역 커뮤니티, 지자체의 지원과 협력 등 세부 요소를 정밀 분석해서 참고할만한 장단점이 무엇인지 찾아내는 게 우선이다. 그런 뒤에 우리나라에 맞는 지역활성화 대처 방안을 강구하는 것이 바람직하다. 우리나라의 지역 여건과 특징을 비롯 지역활성화의 본질과 과정, 그리고 전략에 대해 깊이 고민해 볼 필요가 있다.